発行に際して

猪飼野地域新聞『おなら』。神戸学生青年センターの引っ越し（二〇二一年五月）の時に、資料室に残っていた。なつかしい。が、学生センターに送られてきた経緯も、作成者もまったく思い浮かばない。欠号もある。

私は『むくげ通信』三一二号（二〇二二年五月二九日）に、「猪飼野地域新聞『おなら』、その屁のつっぱり」を書いた。むくげネットワークでその関係者から連絡が来るのではないかと期待していた。が、その期待は裏切られて反応がない。猪飼野関係の人々にたずねてもみたが、知らない、見たことがないという。

あきらめかけていたとき、関係者から連絡があった。

「インターネットで検索したら『おなら』の記事があった。うれしくて電話をした」

亡くなった清水達也さんの連れ合いさんの清水紀子さん。清水達也さんは『おなら』の中心メンバーのひとりだ。その後、伊藤順さんから連絡があった。伊藤順さんも中心メンバーのひとりで、「いかいの迷店歩記（めいてんあるき）」などの原稿を書いている。また、聖公会生野センターの呉光現さんからは、2号の貴美さんを知っている。本人に確認したらそのとおりだったとのこと。

また、「いくのパーク」で旅行社をされている行澤公子さんからメールも。「『おなら』の出発と私の人生がほんの目と鼻の先で交錯している。自分も青春まっしぐらのロードムーブーというか、凄く懐かしく読ませていただいた」

5号の編集後記には、「むくげの会のHさん、朝鮮語講座作文集をありがとう！」とある。このHは私で、むくげの会とはたしかに交流があったのだ。

『おなら』は、いまも匂いを放っている。

今回、不充分ながらも、飛田のむくげ通信の文を加えて復刻版を発行することにした。最近、「大阪コリアタウン歴史資料館」もできて注目されている「猪飼野」、そしてコリアタウン。その歴史の一部に記録されるべき『おなら』復刻版を刊行することに意義があると思う。さらにみなさんの協力をえて、欠号を発掘し、完成版『おなら』復刻版を発行したいと考えている。

二〇二四年一〇月一五日　むくげの会　飛田雄一

ほかにも、主に清水達也による「連載・ほんまのほんま一近代日本と朝鮮一」、「リレー方式 小説もどき・海を越えて」もある。（下記記録参照）

30 号（1981.9）の「最後の編集後記・グッド・バイ」には、5 名の名前が年齢とともに記載されている。南州雅代（24）、大隅とヒグマの話（30）（26）、清水達也（37）、伊藤順（32）。1981 年なら飛田 31 歳、堀内 34 歳なのでだいたいむくげの会会員と同世代のようである。

30 号に「幻の新聞・おなら合本（1〜30 号）、今秋完成予定、予約受付中！900 円」という記事がある。合本発行は確認できていない。今回以下のように手元に残る「おなら」の発行年月日等を記録した。「欠」となっている号をお持ちの方は、ぜひみせてほしい。また合本をお持ちの方は教えてほしい。むくげ通信に「むくげ友誌」というコーナーがあって 7 誌紹介しているがその中に「おなら」はない。

いま、猪飼野コリアンタウンは、若い女性を中心に活況を見せている。この「おなら」効果がでているのかもしれない。「おなら」編集部のみなさん、このむくげ通信をごらんになったら、ぜひ飛田まで連絡を願いします。

＜記録＞（欠は、手元にないもの）
一発目 1978.6.1 創刊のあいさつ他
二発目 1978.7.1 猪飼野の詩①スタート
三発目 1978.8.1 ホンヨンウン豊田勇造コンサート他
四発目 1978.9.1 社説「四発目への道」他
五発目 1978.10.1 いかいの迷転歩記（めいてんあるき）他
（この間欠）
八発目 1979.1.6 リレー形式小説もどき①海を越えて
九発目 1979.2.1
十発目 1979.3.1
（欠）
十二発目 1979.5.15 猪飼野の詩⑩ホンヨンウン
十三発目 1979.6.25 1 周年記念号、海を越えて⑥（了）
十四発目 1979.8.10 座談会、海を越えてを終えて
（欠）
十六発目 1979.9.30 連載「近代日本と朝鮮」
十七発目 1979.10.31
十八発目 1979.12.12 コラコラコラム山口百恵他
十九発目 1980.1.10 新年号 学林図書館紹介他
二〇発目 1980.2.27 コラム「アフガニスタン」他
二十一発目 1980.3.31
二十二発目 1980.5.10
二十三発目 1980.6.20 社説「ダブル選挙に思う」他
二十四発目 1980.8.15 「江戸時代の朝鮮通信使」上映
２５号 1980.10.1 座談会「日本、どこへゆくのか？！」
（欠）
２７号 1980.12.20 猪飼野に夜間中学を他
２８号 1981.1.31 「民衆の喊声民衆の絶叫」紹介他
２９号 1981.3.31 日の出書房広告他
３０号 1981.9.18 猪飼野の詩、近代日本も終了

猪飼野地域新聞「おなら」、その屁のつっぱり

飛田雄一（むくげ通信 312 号、2022 年 5 月 29 日より）

神戸学生青年センターが移転してから 1 年がたった。旧センターにはいろんな資料が残っていた。やむなく PDF ファイルにして廃棄したものもある。しかし、PDF ファイルにしてからも廃棄できないものもある。そのひとつが、猪飼野地域新聞「おなら」だ。

1 号（1978.6.1）から 30 号（1981.9.18）まで発行された。それは、「号」ではなくおならなので「発目」とある。正確には、24 号（1980.8.15）までは発目、25 号（1980.10.1）から号となっている。B4 版、2 頁、オフセット印刷？。

創刊の 1978 年 6 月は、すでにむくげの会がスタートして 7 年目、油ののりきった時期で？、この「おなら」と機関誌交換をしていたものと思われる。

当時猪飼野で、不動産屋が「外人不」「要住民票」の掲示が問題となった時期だ。1 号（1 発目）の創刊の辞は再録したものをご覧いただくとして、その記事の続きには、Y.M「5/7 入居差別を許すな？ 生野住民集会に参加して」には、次のように書かれている。

「ともに参加していた大阪府の役人も。最初は遠まわしな応答しかしていませんでしたが、不動産屋の態度、そして住民からの強い要望に対して次のようなことを約束しました。／その内容は、生野区内の不動産屋を一軒々々回り抜き打ち検査をおこなう、また悪質な業者には「免許とり消し」もありうるとのことでした。／このように、大阪府の「前むき」な見解を出さすところまではいったのですが、表面的に「外人不」という看板が店頭から消えるぐらいで、まだ根本的には何も解決されていません。／そして、不動産屋は、この集会において、何もしゃべらず次回にもちこしとなったので、さらにきびしい態度でとりくんでいかなくてはならないと思いました。」

ちなみに「おなら」は、2 発目（1978.7.1）によると「カンパ 20 円＋α」、そのご最終号の 30 発目も「カンパ￥20」とある。1971 年 1 月創刊のむくげ通信は、9 号（1971.9）から通信らしくなり、18 号（1973.5）には、「1 部 50 円」とある。

発行部数が気になるが、4 発目（1978.9.1）に以下の記述がある。「社説 「おなら」4 発目への道」の一部である。むくげ通信と比べものにならないくらい多い。

「現在、「おなら」は 2500 部発行。その中で 2300 部ぐらいは猪飼野地域（中川西、桃谷、鶴橋、勝山）を８ブロックに分けて日本人（厳密ではありませんが）の家庭に個別配布しています。残り 200 部ぐらいは個人売りと本屋さんに回し、あとの残部を保存用に残しています。だから唯一の私たち「おなら社」の収入源は個別売りの分です。」（10 号 1979.3.1 によるとおなら取扱店として、翠松書店、松原書店、たいせい書店、酒処羽衣がある。）

さて、この雑誌名の「おなら」、創刊号には、「私たちの、この「おなら」は、そういったくさいことにフタをさせるのではなくて、そのフタをあけて、本当の問題はどこにあるのか、ということを地域のみなさんと一緒にかんがえてゆきたいと願っています。（略）私たち自身がオナラとなって、悪い奴らに一発かましながら、この地域の問題をひきずりだしてゆきたいと思っています」とある。なるほどと思っていたが、今回その真の意味が読み直して分かった。20 号（1980.2.27）に以下の記事があった。

先日、おなら読者のおじいちゃんが我が「おなら」の由来（？）を話してくれた。／おじいちゃんの解釈によると「おなら」は「於那羅」であるという。那羅（なら）というのは韓（から）語で「国」という意味であり、奈良の都も朝鮮からの渡来人がつけたといわれる。このことは「奈良市史」にも記されているという。／で、在日朝鮮人の問題を日本人の問題として考えてゆこうとしている「おなら」は、その「那羅において」という解釈が正統であるというのだ。／これには社員一同、恐縮のいたり。／でも、こういう話は大歓迎。おじいちゃんまた話してください。（JUN）

ときにはかわいい漫画も登場する。おかくみこさん作だ。次頁の漫画もそのひとつだ。（20 号 1980.2.27）

連載記事もある。「猪飼野の詩」は、2 号から 30 号まで続いている。写真または文で名前があがっているのは、岩淵英司、貴美、M.K、ヨーコ、芽キャベツ、南州雅代、早川、伊藤順、土方なんも、金海雨、KAICHO、PC、清水達也、山辺一郎、S、大隅、山下、M.H、金正坤。毎回いい雰囲気の写真もある。むくげ通信もそうだったが、当時ペンネームを使うことがはやっていたので（？）、適当な名前を使っていたのかもしれない。むくげ通信の初期のペンネームも、ガリ切りの字があるので書き手がわかるのである。ガリの時代は、記録的にはすばらしい（？）

おなら

猪飼野地域新聞
発行
おなら社
東成区大今里南二丁目20-12
1978.6.1
一発目（いっぱつめ）

「おなら」ってなんや?! けったいな名前やな

「みなさんこんにちわ」

はずかしながら、私たち「おなら社」なるものが「おなら」などというちょっとふざけたような大新聞（へそんなええもんではありませんが）をつくりました。「ふざけとるやないか」と、お怒りの気持はよーくわかります。しかし、しかしその前に一度見てもらえませんか。

さて古いことわざに「くさいものにはフタをせよ」というのがあります。この意味は、自分たちにとって都合の悪いことやまずいことはおおいかくしてしまえということだと思います。

ご存じのように、この「くさいものにはフタをせよ」というのは、よく政府や大企業がすることでもあります。

政府や大企業は自分たちにとって都合の悪いことは、すぐにおおいかくしたり、切りすてたりしします。しかしまあ、そんなエライさんたちが「くさいものにはフタをする」のはあたりまえとしても、私たち一般庶民も「くさいものにはフタをせよ」式のことを、ふだんのくらしの中でやっていたり、許していたりするような気がします。

たとえば、本紙もスクープしておりますが、「外人不」、「住民票要」などという方法で、在日朝鮮人・韓国人にアパートや家を貸したり、売ったりしないという、いわゆる入居差別をする不動産屋や、家主がこの生野区にもたくさんいるということをフタをせず見つめていくことがたいせつだと思います。

私たちの、この「おなら」は、そういったくさいことにフタをさせるのではなくて、そのフタをあけて、本当の問題はどこにあるのか、ということを地域住民のみなさんと一緒に考えてゆきたいと願っています。

誰だってオナラをがまんしているとおなかがパンパンにはって苦しくなります。

私たち自身がオナラとなって、悪い奴らに一発かましながら、この地域の問題をひきずり出し考えてゆきたいと思っています。

くさいことわざばっかりで申しわけありませんが最後にもうひとつ。「屁のつっぱり」というのがあります。

「あいつは屁のつっぱりにもならんやっちゃ」などと使いますね。私たちの「おなら」新聞は、せめてこの地域の「屁のつっぱり」ぐらいにはなりたいと思っています。

どうか、今後ともよろしくおねがいします。

おなら社　一同

5/7入居差別を許すな！ 生野住民集会に参加して

《個人的感想》 M・Y

入居差別の問題は、今に始まったわけではないけれど、昨年の秋ごろからやたら目につくようになりました。

それは不動産屋店頭での「外人不」、「要住民票」などと書かれたビラ、看板である。

このようにして、入居差別の問題は、とみに表面化されてきました。

それに対し、「あれは在日朝鮮、韓国人に対する差別じゃあないか」という住民からの声が高くなり、そんな中で五月七日、生野住民集会が開かれました。

その時、私が感じたことなんですが、この地域に住む在日朝鮮人、韓国人に対する差別がいかに根強くはびこり、その結果、生活にまで破たんを及ぼしかねないということでした。

地域住民からの、「あなた個人の意見でもいいから入居差別があるのか、どうかしゃべってみい。」という質問に対し、不動産屋はあいまいな態度、しゃべり方しかみせず、差別している側のいやらしさをさらけ出しているように思えました。悪いこと、はづかしいことなんだと認めない態度にいらだち腹だたしさを感じました。

ともに参加していた大阪府の役人も、最初は遠まわしな応答しかしていませんでしたが、不動産屋の態度、そして住民からの強い要望に対して次のようなことを約束しました。

その内容は、生野区内の不動産屋を一軒々々回わり抜きうち調査をおこなう、また悪質な業者には「免許とり消し」もありうるとのことでした。

このように、大阪府の「前むき」な見解を出さすところまではいったのですが、表面的に「外人不可」という看板が店頭から消えるぐらいで、まだ根本的には何も解決されていません。

そして、不動産屋は、この集会において、何もしゃべらず次回にもちこしとなったので、さらに、さらにきびしい態度で取りくんでいかなくてはいけないと思いました。（J）

おしらせコーナー

6月4日【日ようび】

入居差別を許すな！
第4回生野住民集会
にみんなあつまろう！

とき；2じ～
ところ；せいわ教会（一条通りスーパー万代ヨコです）

編集後記

※ついに出た「おなら」一発目！非常に個人的な趣味から云わせてもらえば、第一号発刊即日発禁処分、残部と印刷機をかかえてアジトを転々くらいはやりたかったなあ。しかしおがあぢゃん、ついにワシも三十ウン才にして新聞社のしゃちょおになったけんね！（T.S）

※創刊号の「おなら」のにおいはきつかったですか？これからも入居差別の看板をふきとばすぐらいの勢いをつけるため、芋を食いまくって頑張ってゆきたいと思っています。御意見御批判を！（全方）

※身長、体重、美ぼう、お金、ないづくしの私だけれどとにかく人のつながりが財産。たいせつにしたい。（G）

※自分の感想が新聞記事になったゾ！ワオー！これからもがんばります！（M.Y）

※猪飼野には「毒」がある。その「毒」にあてられたものは猪飼野のとりこになってしまうという。このことを今確かなものとして感じている。この毒にあてられた日本人があつまり「おなら」一発目が出たのだから…。（ガン）

※サヨナラ三角またきて四角…いつまでたっても同じことをやっている。しかし、この「おなら」は今までと同じことのくり返しにはしない。そんな思いを込めて送ります！（J）

御意見・御批判・カンパは左記へ!!
東成区大今里南二丁目20-12　おなら社

おなら

猪飼野地域新聞

発行 おなら社
東成区大今里南二丁目20-12

1978. 7. 1
2発目（はつめ）
カンパ20エン+α

猪飼野（いかいの）の詩（うた） 1

写真 岩渕英司
文 貴美

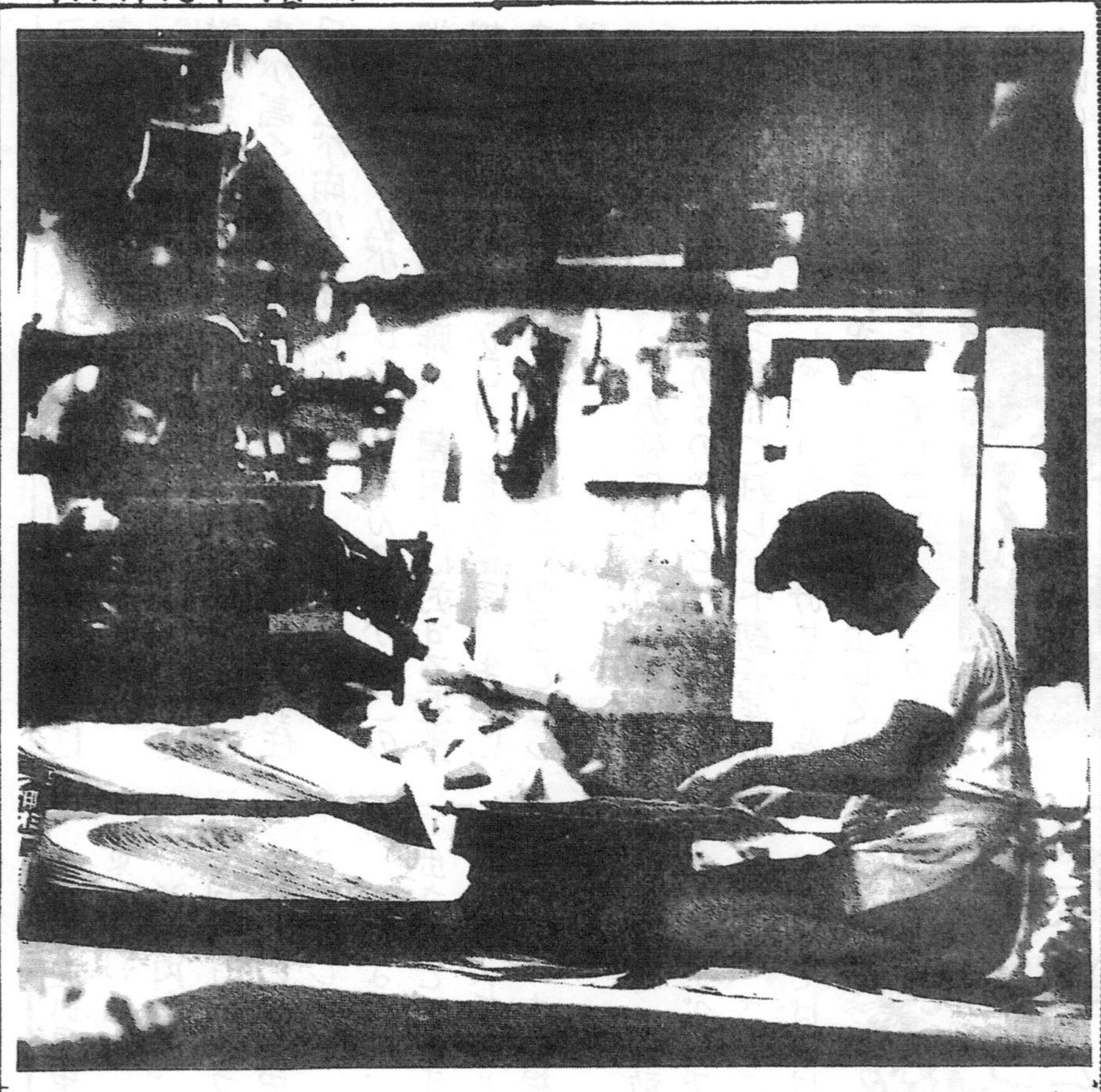

仕事をするオモニ。これが幼い頃の私の思い出である。私が物心ついた時、オモニはすでにアボジと共に私たち兄弟五人のために朝から晩まで働いていた。

オモニがする主な仕事は下貼りで、前もって裁断された生地をゴムのりで貼り合わせたり、小さな金具を打ち合わせたりする作業である。一見単純作業に見えるが、かなりの労力を必要とされる。オモニの身体は女性である前に労働者の身体なのである。

私が小学校に通っている時の事だが、「きのう、お父ちゃんとお母ちゃんと一緒に、このテレビを見てん。」と楽しげに話す友達がうらやましくてたまらなかった。一度だってオモニとテレビを見た記憶などない。私はいつも隣の部屋から聞こえるミシンとカナヅチをたたく音を聞きながらテレビを見るのである。

オモニは仕事をしているからといって決して家事を怠りはしなかった。家族七人分の面倒をどんとみていたのである。以前にオモニから聞いた話であるが、幼い兄を背に負い、お腹には姉がいた時、オモニは姉を生むその日でも仕事の手を休めようとはしなかった。「昔の事を思えば今はほんまに楽や。」そう言いながらオモニはため息をつくのである。私たち兄弟をりっぱな人間に育てる事だけを楽しみに、それこそ朝から晩までせっせと働いた。

私が寝間についてもミシンの音は止まない。私はそのうらめしいミシンの音を子守唄に眠るのが習慣となっていた。アボジはミシンに上がり、その下でオモニは細かな作業を行う。子供たちのためにだけ働く。そんなオモニの苦労のたまものか、私たち兄弟は、「両親を楽にさせてあげること」を常に考えてきた。

オモニは現在、夜は仕事をしない様になった。自分の時間を読書やテレビ観賞に使う様になった。子供たちも手が離れ、これからがオモニの人生である。「生きる」ことすなわち「働く」ことから、「自分の人生を生きる」様になっていくオモニ。今までの五十年間にやり残した事を残りの人生で消化してもらえることを願いたい。

家内工業の実態そのもののオモニであるがこの様な話は至る所に存在しているだろう。もっともっと改善されてもいいのではないだろうか。知られている様で知らなさすぎる家内工業の実態。家内工業従事者もそれに妥協するのではなく、さらに開拓せねばならない部分がいっぱいある事をもう一度考えてみるべきではないだろうか。

（この文章は写真のオモニの娘さんに書いていただいたものです。）

（オモニ…おかあさん・アボジ…おとうさん）

猪飼野と家内工業

猪飼野にはたくさんの家内工業に従事している家がある。路地を歩いているとガチャンガチャンと機械の音が絶え間ない。朝から晩まで働きつづける人々。しかし、最近の不況とともに機械をとめざるを得ないところもでているという。

　そこで作られているのは、私たちが日々生活の中で目にしているメガネのツル・カバン・サンダル・プラスチック製品など数えあげればきりがない。

　いわゆる日本の産業の一番過酷な労働部分を　猪飼野の在日朝鮮人・韓国人がになっていることを私たちはあまり知らない。

　ゆえに彼らの現実に思いよせることが日本の現実を考えぬくことにつながると思う。これから一回ずつ、様々な家内労働従事者に出会っていくことが私たち日本人及び日本社会の現実をてらしだす大きな鏡になるような気がする。このシリーズ作業が、真に朝鮮人・韓国人と日本人が出逢えることのキッカケになれば幸いだ。

喫茶店でのひとこま

二週間くらい前のことです。喫茶店でチマチョゴリの制服の女子高生と隣りあわせになったのです。街を歩いていると、よくすれ違います。風をきって自転車をこぎ急ぐ彼女たち。わあきれいだなあ、堂々としてすがすがしいなあ、といつも感じていたのです。一緒に喫茶店に入った友人と話しながら、自然と目は彼女たちの方へ向いていたと思います。

　しばらくして席を立ち、店を出たとたん、彼女たちによびとめられました。その中のひとりが、「あなたはジロジロ見てた。」と言うのです。私は胸がドキドキ、体がふるえてきて、「そんなつもりはないよ。」と答えるのがやっとだったのです。そのあとも、自転車で追ってくるのです。その時、どう行動していいかわからなくなり、追い越していく彼女たちに向かって、「私が何をしたっていうの！」と、どなってしまいました。彼女たちは走り去って行きました。そのあと、自分のとった行動が恥ずかしくてたまりませんでした。

★　★

　これは、おなら社の仲間のひとりが体験した話です。この様な場面は、朝鮮人・韓国人と日本人の出会いとして少なからずあることだと思います。チョゴリへの想いから彼女を見ていた訳ですが、その想いがまるで反対の受けとられ方をし、それに対し自分の想いを伝えられなかったばかりか「私が何をしたっていうの！」と怒鳴ってしまった訳です。現実の日本の中で在日朝鮮人・韓国人のおかれている立場を少なからず「理解」していたはずの我ら仲間がチマチョゴリの高校生と向きあった時とった態度は「決定的なこと」であったと思います。朝鮮人の少女はきっと私達の仲間の目を「日本人＝差別者」の目として感じとったのでしょう。その時「ミヤナミダ（ごめんね）」の一言があれば、状況が一変したことは容易に想像できます。このことは、仲間ひとりの問題ではなく、猪飼野の地域に関る私達日本人の全員が考えていくべき問題だと考えています。すばらしい出会いになりえたきっかけを最悪の結果にしてしまう危険性が、ここにあると思います。

　まだまだこの出来事に対して、私達は未整理の状態です。これから「おなら」を通して少しずつでもこの問題に答えていくつもりです。御意見・御感想があれば、是非、当社に送っていただきたいと思います。

★編集後記★

一発目をだしてヤレヤレと思ったらもう二発目の予定日。あーッ。
チュウネン禿げやすく学なりがたし
（T・S）

悪い中年にダマされて、結局ひとりで全部書かされた。猪飼野の女性の皆さん、中年に御用心！（主オ）

行方不知（ゆくえしらず）

豊田勇造

一、残り火には 水がうたれ
何もかも終ったのに
まだ物欲しそうな顔で
なにかを待っているオレ

三、終電車に 乗って帰れよ
待つやつもない部屋へ
それは確かにブルース
だが なにかがあるようだ

五、一人ぼっちの二人っていうのは
ディランの歌だけど
選ぶことが捨てることでないように
するには どうすればよい

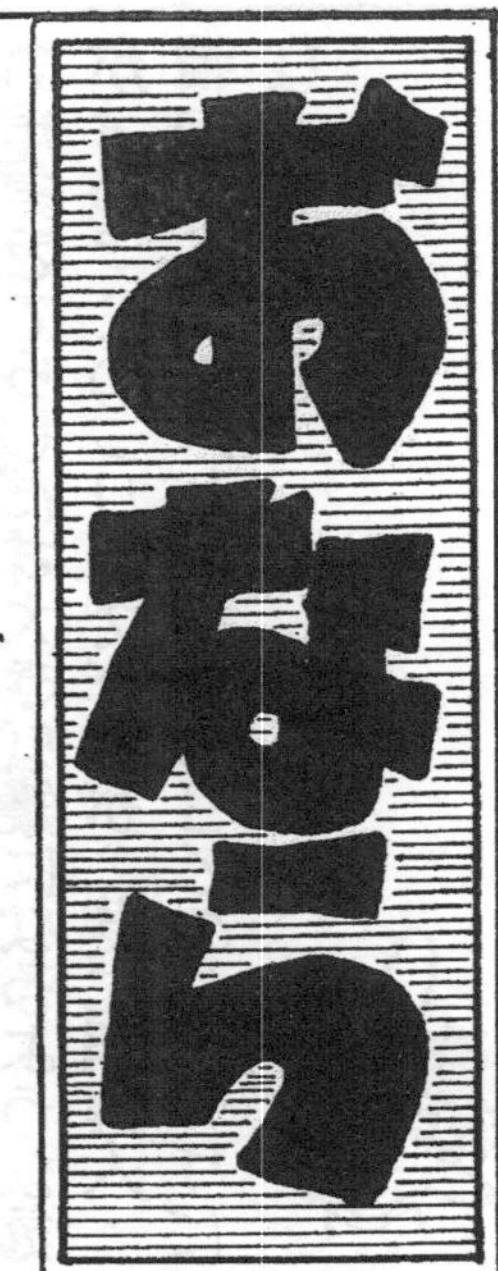

猪飼野地域新聞
発行
おなら社
東成区大今里南2丁目20-12
1978 8・1
三発目
カンパ20えんtal

豊田勇造 ホンヨンウン

いつか出逢える日に
ふたりコンサート

8月19日（土） 開場6:00
市立生野会館 開演6:30

企画／へのかっぱ　後援／おなら社

おなら読者は前売り扱い（500円）です！
連絡先 06-561-0043 差別と斗う文化会議内 太田まで

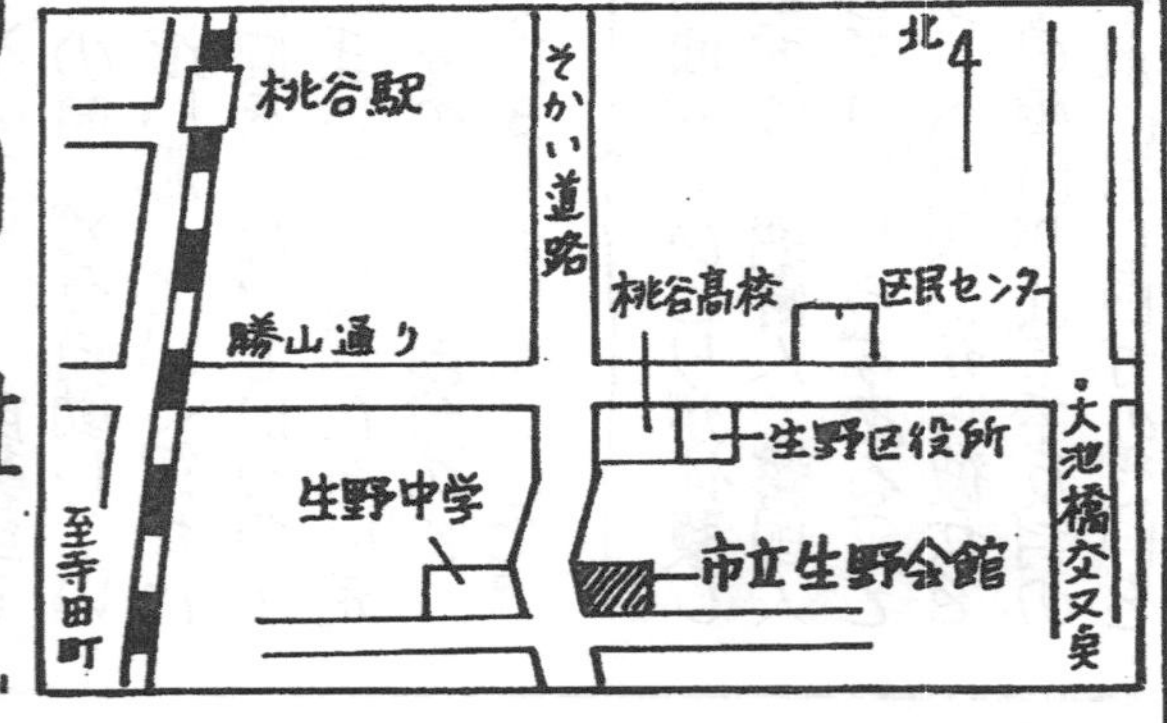

■冗談ばかりいってたら　夏になっていた　ホンヨンウン■

春にぼくはもう人前では当分の間歌いませんと言ったのでした。でも春はすぎて今は夏のまっさかりなのです。春から夏の間に何度も歌いたいなと思ったこともあったのですが、でも歌わなかったのです。

とにかく春のままで歌い続けることは、ぼくはつらくてガマンできなかったのです。とにかく当分の間は歌も歌わず、だれにも会わず、どこにも行かず、近所の友達と冗談ばかり言って言たのです。

でも春はすぎ夏になり、ぼくの虫はむずむずと動きだしたのです。

今度始めて聞く人も、今まで何度も聞いた人も 変ったぼく 変らないぼくかを見ることができるのです。

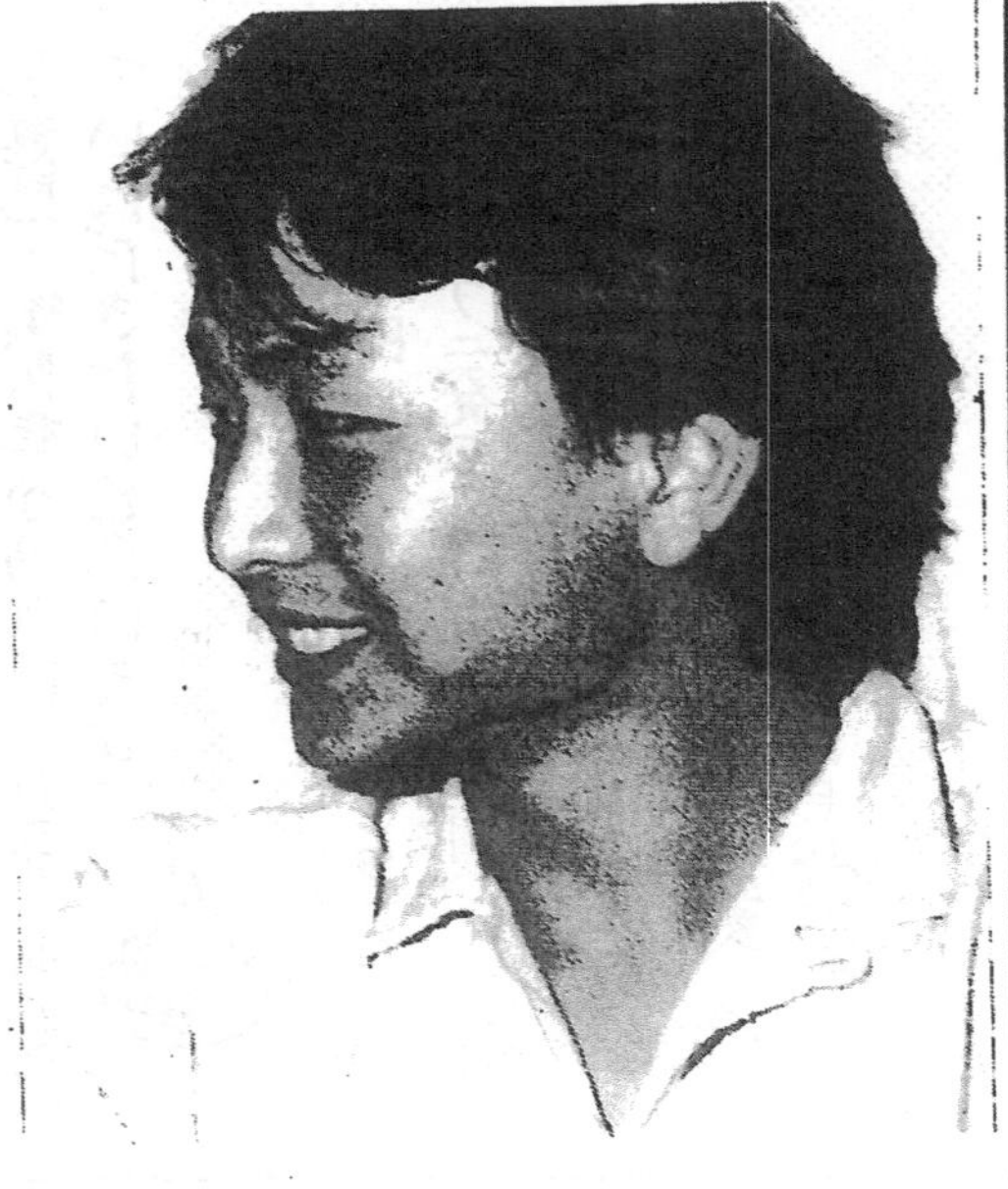

たまねぎ

猪飼野の詩 2.

〈文と写真〉 岩渕英司

仕事場には怪物のようなプレス加工の機械が四台置いてあった。撮影に応じてくれた在日韓国人二世のAに話を聞いてみた。

——この仕事を始めたのはいつから？

「高校終ってすぐや、家がやっとたから」

——仕事しとってどうや？

「これは、人間の仕事ちゃうで！神経使うし、おまけに指や、ひどい時には腕まで落とすんやから、ものすごい非人間的や」

「そやから仕事やめようといっも思っとる」

——でもやめられへんわなあ。

「そや、一人ででけへん仕事やから俺がしなあ、アボジの仕事のうなってしまう」

——近頃不景気やけどどんなあんばい？

「おと年くらい前は一日一台でこのくらいやろうと計算して仕事えらんどったけど今では親会社のいいなりや。『これでやってくれ』言われて、『これやったらシンドイわ』なんて言おうもんなら、『そやったら他になんぼでもやるところあるからエエワ』ちゅう感じやな。世の中、不況やいうたらそのシワよせは全部うちら零細企業にまわってくる。」

——これからのプレス業界はどう？

「うちみたいな町工場はもうあかんのとちゃうかな。簡単なものは工賃の安い台湾や韓国に回ってしまうし、これから日本では技術の要る難しいやっか自動でやれるやっばっかりやからね。技術なかったらしゃあない。日本人の場合、会社へ入って技術憶えたりできるけど、ウチの国の人はなかなかそうもいかへん。アボジなんかすぐ独立してしもうたから十七年もこの仕事やっとるけど、金型の簡単な修理くらいならやれるけどほとんど技術もってへん。それに町工場やったら設備もないしどうにもならへん。」

数秒おきにガチャンガチャンと上から落ちてくる金型と下の金型の間に金属部品を指ではさんで差し入れる、この作業を四年間続けているAが吐いた「人間の仕事ちゃうで」という重さ、そしてまた淡々と語ってくれたAの言葉の中に家内工業の実態そのものがあると思った。

〈注、アボジ…… おとうさん〉

編集後記

コンサートのことで走り回ってる毎日です。読者の方がひとりでも多く来られることを楽しみにして当日会場でまってます。 M・Y

「ジュリア」をみた。渋みのあるいい映画だった。あたしもすてきな大人になりたいのだがどうだろう!? めキャベツ

読者からのお便りお待ちしています。 一同

おなら

猪飼野地域新聞

発行 おなら社

東成区大今里南2-2012

1978.9.1

四発目（よんぱつめ）

朝夕ちょっぴり涼しくなりましたねー

社説 「おなら」四発目への道

「せめて、この地域の『屁のつっぱり』ぐらいにはなりたいと思っています。」と一発目に書いて以来、はや四発目に来てしまいました。

「おなら」は在日朝鮮人問題を日本人の側の問題としてとらえることの必要性をテーマとしています。この間、何がどう変わったか、何が出来たかなどとまだまだ言える時期ではありませんがこの数ヶ月のことを報告がてら少こし書いてみたいと思います。

現在、「おなら」は二五〇〇部発行。その中で二三〇〇部ぐらいは猪飼野地域（中川西、桃谷、鶴橋、勝山）を八ブロックに分けて日本人（厳密ではありませんが）の家庭に個別配付しています。残こりの二〇〇部ぐらいは個人売りと本屋さんに回わし、あとの残部を保存用に残こしています。だから唯一の私たち「おなら社」の収入源は個別売りの分です。

次に記事の内容に関していえば二発目から連載している「猪飼野の詩」があります。写真と文章でつづるこのシリーズに関しても「あれいいよ」と言ってくれる人々が日本人、朝鮮人を問わず少なからずいるのですが私たちにすれば、「様々な家内労働従事者に出逢っていくことが私たち日本人及び日本社会の現実を照らし出す大きな鏡になるような気がする」と書きつつもいつも気がかりです。ともあれ、今後もこのシリーズは大切にしたいと思っています。

＊＊＊

二発目を出した後、三通の便りがきました。みんな生野区に住んでいる日本人です。「おならは仲々痛快。地域ミニコミとしてうんとがんばってほしい。」（桃谷のSさん）「生野には朝鮮人が多数在住し種々の問題がありながら日本人の関心の無さを残念に思っています。そんな時、貴組織の運動を知りました。」（生野東のOさん）「支持しているものが一人はいるということにおいて協力させてもらいます。」（桃谷のIさん）

この続けざまに来た便りは私たちをどんなに狂喜させたことか。孤立していないという確かな手ごたえは、「がんばらんとあかんな」という気持を、あらためてふるい起こさせます。また、この間、多くの在日朝鮮、韓国人の友人と知りあえることが出来ました。今後もっともっと彼らからの批評を受けたいと願っています。

＊＊＊

どこまで「おなら」を出し続けることが出来るか皆目検当がつきません。今は「出し続ける」ということの意味の大切さを感じています。「出している」ことが無意味と感じる時がくるかもしれませんがそれはその時、次の段階へとよじ登ぼる以外道はなさそうです。「出してる」ことが「自己満足」という醒めた頭を半分もちながら、「いや、まんざらでもないで」という熱い魂がある限り私たちは「おならへの道」をノラリクラリと歩いてゆきます。

＊＊＊

露路と露路のあいだをぬいながら、「おならです。読んで下さい。」と手渡す。

「二発目から読んでるで、ガンバッてや」と表戸の前にイスを出して夕涼みをしているオッサンは言う。

また行きます。

告知板（こくちばん）

■おなら社社員募集
- ◎年齢、職業、男女不問！
- ◎給料タダ！
- ◎一緒にやりませんか！
- ◎〈連絡先〉東成区大今里南2-20-12 伊藤方 おなら社

■絶大なカンパを！便りを！
- ◎会計大赤字なのだ！
- ◎一部カンパ20エン

■おなら社例会案内
- ◎毎週水曜日P.M.7:00 伊藤宅

ブリッ

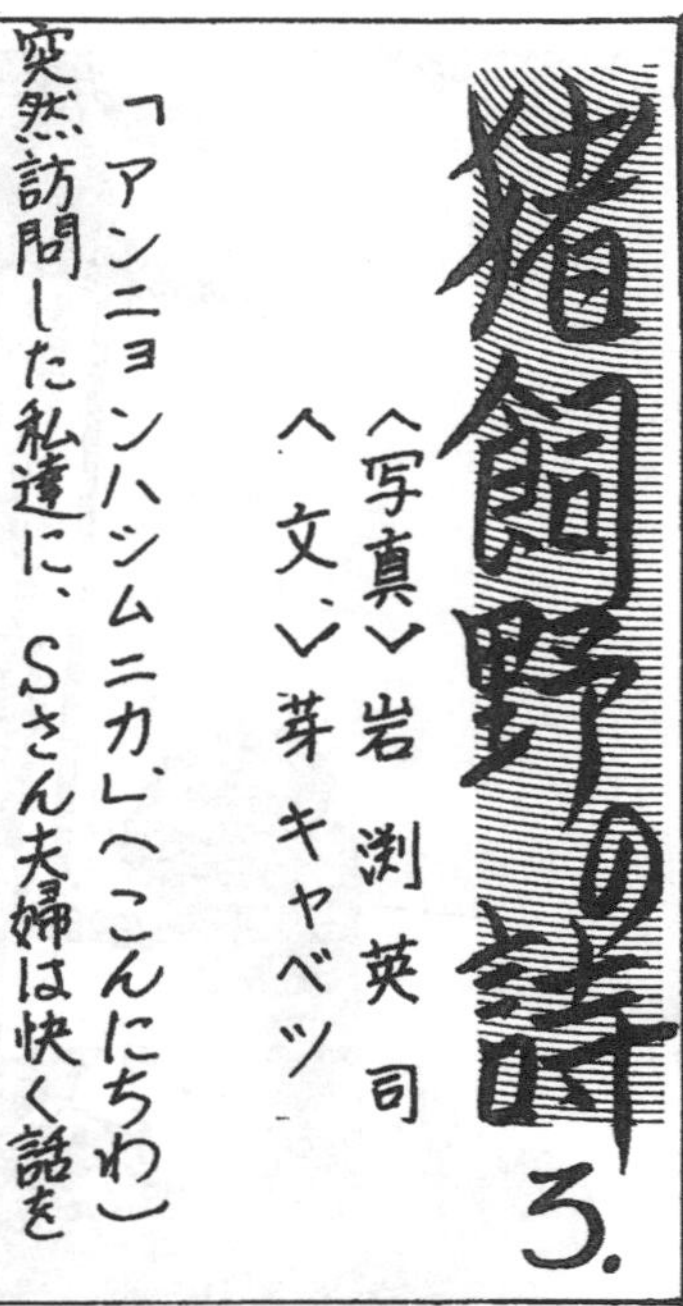

猪飼野の詩 3.

〈写真〉岩渕英司
〈文〉芽キャベツ

「アンニョンハシムニカ」（こんにちわ）突然訪問した私達に、Sさん夫婦は快く話をはじめて下さった。

Sさんは済州島出身で、奥さんと結婚する為日本へ渡ってきた。済州島では働き口もなく、日本へ行けばなんとか暮らして行けるのではないかという甘い考えからだったという。日本へ来てからメリヤス工の仕事についたが、そこでの労働条件のひどさがたたって腎臓と肝臓を悪くし、2年8ヶ月入院生活をしていたが入院費の借金もかさみ自主退院。そして人づてでヘップの仕事を始め現在に至る。

十畳位の作業場で、朝8時から夜は7て8時頃までSさん夫婦は働く。

「どんな仕事でもこれやらなんだら飯くうていけへん思うたら根性持たんなね。誰だってこんな臭い（仕事に使う接着剤）好きな人おらんしね。この臭いに負けたらあかん思うと一所懸命やるしね。何回もやめよ思うたけど、この仕事やめてもする仕事ないからね。」

サンダルが出来上るまでの工程は様々に分業されていて、Sさんの場合、各工場からよせられたバンド・足底・足敷などを商品として仕上げる「はり場」を受け持っている。

「そうやね。生野でこの仕事やってる人、韓国人が七割位じゃないかな。会社みたいに安定してないしボーナスも保障もないし、金もうけとは思えないね。最近不況で暇が多くなったしね。」

不況という言葉がささやかれれば、仕事がぷっつりはいらなくなる現実においては、労働者のための週休二日制も、国民秋闘も、労働者連帯の叫びでさえも、空虚なひびきでしかない。

「たのしみ…？ うーん、働けることやね。」という。身ごもった奥さんには、この夏の暑さの中で働くことさえたいへんなのにと思いながら、おわかれした。

ニュース

「おなら」三発目でも宣伝しましたが去る8月19日(土)生野会館で行なわれた「いつか出逢える日に——豊田勇造、ホンヨンウンふたりコンサート」は二〇〇名もの来場者（ちなみに会場座席数一五〇）があり大盛きょうでした。地域の人々も多数参加いただきまして本当にありがとうございました。

編集後記

★むし暑い夏の夜、9時すぎてもおもてに扇風機を出して手仕事をつづけるおじさん、おばさん。涼しくなって少こしは楽になったかしら…。（KeI）

★コンサート以来、ホン君が毎日、家に来て困っています。誰か彼の面当をみて下さい。あのタマネギめ！（JUN）

猪飼野地域新聞
発行
おなら社
東成区大今里南二丁目20-12
1978.10.1
五発目（ごはつめ）
カンパ20エン+α

〈文〉M・K

〈写真・岩渕英司〉

俺のやっている仕事は通称"ロクロ工"と呼ばれている金属加工の一種である。ひと昔前までは木車をモーターで回転させていたが、今では機械化も進み騒音も少くなった。が、それと同時進行するかのように業界（業界といえるかどうかは別だが）自体の景気は悪くなっていく一方だ。従事しているものとしては嘆かわしい状況だ。昔は、生野区内でも数多く見られた職種だが、今ではうんと少くなってきた。仕方がないかも知れないなあ。食べていくのがむずかしくなってきたから。

俺のアボジはこの仕事に従事してから四十年近くになる。韓国が日帝に侵略されてた頃渡ってきてからすぐの頃だ。ほとんどの韓国人同様、相当苦労を積み重ねてきた事は、アボジの口から直接何度も聞いている。今の俺から見ると妙な所で驚嘆せざるを得ない。何故なら今の俺にはそんな苦労に耐えられるだろうかどうかということだ。返答するのに考え込んでしまう。

次に俺自身のことだが、俺は工業高校卒業後、同髪入れずに家業に従事して丸八年になろうとしている。今では一人前とはいかなくても半人前ぐらいの技術は身につけた。いずれは一人前の技術者になりたいと思うが、一生この仕事を続ける気はない。何故なら先行きの見通しがまったくと言っていいほど暗いからだ。いかに俺が熟練工になろうが、工業化の進歩は、機械化の進歩は、俺の技術を通りこしてはるか前を走っていくだろうから。それに仕事の割には工賃が低い。もっとはっきりいえば何者かによって低くおさえられている。

少々愚痴っぽくなったかな。反省、反省。最後に、俺は韓国人だ。極あたりまえの事だ。このあたりまえの事が、日本の社会の中でゆがめられている。あたりまえのことがあたりまえになるような社会をめざして俺は韓国人サイドで頑張るつもりだ。負けてはいられないよ。明日の俺のために。全体韓国人のために。（アボジ→おとうさん）

ニュース

●私たちの友人、洪栄雄（ホンヨンウン）が今度、京都でミニコンサートを開きます。もし時間があれば行ってやって下さい。

ホン・ヨンウン "玉ねぎ一個" コンサート

〈時間〉6時半～
〈日〉10月28日（土よう）
〈場所〉喫茶らくだ館（075-431-3664）
〈木戸銭〉500エン

猪飼野の空に「おなら」が飛んだら？

文：土方ナンモ

猪飼野の町を東西に走る賑やかな商店街＝御幸通り。キムチの匂いの中で朝鮮語と日本語が飛びかう。八月も半ばを過ぎた日旺日、散歩の途中で小さな人だかりの中の「おりがみのおっちゃん」をみかけました。捨てられるだけになった古新聞が、おっちゃんの手からコンパクトや飛行機、腕輪……になって出てくるのはとても楽しいもので二十才過ぎ、三十過ぎの「おなら」社の面々も時間を忘れて「おっちゃん」の世界へひきこまれていきました。「おっちゃん」は口が不自由らしく、言葉は何ひとつ聞くことはできなかったのですが、身振り手振り、そして目の表情やおりがみたちが充分におっちゃんを語っていました。ちっちゃい手で差し出された小銭を断った時も、呑みこみの悪い私に教えてくれた時も、言葉を越えた言葉で話していたように思います。このおっちゃんは、フォーク歌手のホン・ヨンウン君（21）たちに「折り紙のにいちゃん」と呼ばれていた頃から教えていたそうですから、少くとも十五、六年は続けているようです。「おりがみのおっちゃん」がやってくるのは、日や時間もマチマチで、場所も決まってはいませんが、彼を知っている人は大勢いるでしょう。

今頃、古くなった「なら」が、飛行機になってイカイノの空を飛んでいるかも知れませんね。

古しんぶんの
ブレスレッドの出来上り！
〈え・オッサン〉

いかいの迷転歩記

一、喫茶「アロマ」の巻　〈文〉伊藤順　〈写真〉〃

平野川を西へ渡って御幸森通りの商店街をブラブラと歩いてゆく。いつもにぎやかで活気のあるこの通りを更に西へゆくと南側にちょいと小粋な喫茶店がある。黄色のあざやかなトビラと木彫りの飾りがあるからきっとすぐわかるだろう。それが「アロマ」だ。

ドアをあけて入ってみる。シャレたパネルが店内を色どり、ドライフラワーの清楚な感じが私をなごましてくれる。

ホットコーヒーをたのんでみる。一つ二千円なりのコーヒーカップで運ばれてくる二百円のコーヒーの味はまたいい。

気さくな街の、気さくな人々のいこいの場そんなフンイキがピッタリだ。きっとアロマの気さくでかつ、妖艶なママさんのムードがこの店内にも漂っているのだろう。

まわりの御客さんたちもゆったりと"一休み"という体だ。

「すいません、コーヒーもう一杯！」思わず言いそうになってサイフの中をたしかめた。そんな日旺日の午後だった。

カンパを下記へ♪

郵便振替　大阪　53181
東成区大今里南2丁目20の12
「おなら」社

編集後記

☒わるい二十才娘に騙されてほとんど一人で書かされた。中川町のデストロイヤー、四の字がためでイテコマシタレ！（オッサン）

☒タマネギの食いすぎで腹をこわしてしまいました。タマネギにくれぐれも……（代筆）（土方ナンモ）

猪飼野地域新聞
発行
おなら社
東成区大今里南二丁目20-12
1979.1.6.
八発目 ¥20

「おなら」愛らい読者のみなさん！ あけまして おめでとう ございます

去年の6月に1発目を出して、あとは無我無中、気がついてみたら年が改まっていたという感じです。…ムガムチュウで7回も「おなら」を抱えて猪飼野を駆けめぐったんやなあ。一条通り裏の家のあのワン公、いつ行ってもほえやがる。もうそろそろ臭いを覚えてくれよ。なるべく風呂にはいらんようにするし。…

「ねえちゃん、ちょうだい、く…」と手を出してくれるのは嬉しい！トトト……角を曲がったとたん、声が聞こえる。「おばあちゃん、これで飛行機折ってえな」

それでもこりんと今年もやりますさかいに、どうぞよろしくお願いします。ちょっと座り直して……我が社の目玉商品「猪飼野の詩」を今年はもっともっと充実したものにしていきたいと思っています。読者のみなさん、この「おなら」にケチでも何でもいい、どんどん注文をつけて下さい。待ってます。

猪飼野の詩 7

写真：岩淵ガンタロウ
文：ヨーコ

Sさんは7〜8年前、メリヤス工場で働いていた。当時はまだほとんど手動式だったので、1日中立って仕事をした。朝8時から夜10時頃まで食事の時以外、機械から離れることはなかったそうだ。細かい仕事なので神経を使うし、目も悪くする。けれど若かったSさんは少しでも多く稼ぎたい一心で、仲間に負けず働いた。

Kさんは現在一人でメリヤス加工の仕事をしている。今年は4〜6月頃仕事がなくて困ったが、今大変忙しく、24時間機械を動かしているとのこと。自動式なので、セットすれば一定の時間は眠れる。ガチャンガチャンという音を聞きながらKさんは作業場の横で仮眠する。夜は眠るものとばかり思っていた私には驚異である。あの音が耳から離れるのは、1日の内一体どれ位だろうか。

不況になると家内工業がバタバタと倒れる。夜逃げ同然に出ていく家族も多いらしい。出ていってどうするのだろう。子供たちは……？　百円でも安い品物を求めて私たちはスーパーをかけ回り、驚く程安い品を手にしてほくほく顔になる。その影にこの様な不安定な生活を強いられている人々のいることも知らずに……。

この記事を書くため、私は二人の韓国人に話を伺った。けれども家内工業とは無縁の私、そしてこの猪飼野に住んでいるわけでもない私にどうして家内工業の実態が書けるだろうか。しかも1〜2度話を聞いた位で。そんな事は猪飼野で生まれ育った朝鮮・韓国人そして日本人が一番よく知っていることのはず。それなのに一体私に何が書けるのだろうか。ただ事実の羅列？いえ、それだけでなく、近すぎて見えなくなっている実態を今一度改めて見据えてもらいたい。そのためにこれからも書いてゆこうと思う。

社員急募

御希望なら、即社長にもなれる「おなら」社 に一度おいで下さい。

短期連載
リレー方式による
小説もどき

海を越えて

第1回
第1走者 伊藤順

連載を始めるにあたって

この小説のようなもの(名付けて小説もどき)は、すべて事実にもとづいている。しかし、登場人物はすべて架空の人物である。つまりドキュメンタリー・ドラマである。現実にこの小説のような半生を送った人が何人もいるのだ。まさに「事実は小説よりも奇」なのである。

焼けこげた家のワラブキ屋根から幾すじも白い煙が昇っていた。家という家が破壊され焼かれた村は、死人の村だ。あちこちにまだ息たえず動めく人がいる。そんななかを着のみ着のまま何人もの人々が重い足どりでガレキをかきわけながら歩いていった。生れ育った北済州郡A村をあとにして……。

＊ ＊ ＊

一九四五年、日本が太平洋戦争に敗れ、朝鮮が三十数年に及ぶ日本植民地支配から解放されたのち、今度はアメリカ合衆国が国連軍に名を借り、自らの利益のため朝鮮を南と北に分断しようとした。そして朝鮮全土の人々が望む統一選挙＝独立国家の創造をつぶすため、李承晩を代表とする政権をつくりあげ、資本家たちの利益を守るため、軍隊・警察、右翼団体をもつくって、李承晩＝アメリカ植民地支配に反対する朝鮮の人々を圧殺しようとした。その当時、隣国中国では中国全土解放のたたかいがあった。またアジア諸国の独立のいぶき、あらゆる世界のおさえつけられていた人々の叫びが噴出した時代でもあった。だからこそアメリカは朝鮮の軍事支配を、台湾の、そして日本の軍事占領を行なわねばならなかった。「自由世界のため」という美名のもとに。

＊ ＊ ＊

済州島は朝鮮半島の南端八十五キロの海上に浮かぶ静かな島である。広さは日本の佐渡ヶ島の二倍強、人口およそ四〇万。島の中央には海抜一九五〇メートルの漢拏山(ハラサン)がそびえ、その周囲には三六〇余個におよぶ大小の寄生火山が散在している。太平洋戦争中、日本の軍事基地があったところであり、その地理的位置からいっても充分なづける格好の場所である。日本の敗戦まぎわ沖縄へ米軍が上陸したが、済州島への爆撃上陸も米軍の作戦の中にあったという。

米軍が進駐したとき、当然済州島を軍事基地にしようと企てた。しかしながら済州島人の伝統ともいえる、暴圧に対して徹底的に反抗し、斗うという気質のため米軍も手をやいた。李承晩政権とアメリカの圧政に対して彼らはあらゆるものを武器に徹底的な全島あげての反抗(というより戦争)を開始する。これがいわゆる一九四八年四月三日に始まる、済州島事件である。

＊ ＊ ＊

済州島の村落／独特なワラぶき屋根は玄界灘の季節風から家を守る生活の知恵の産物か

朴英植は背中に二才になったばかりの景生を負ぶり右手に長男成明左手に一人娘の順伊の手を引き、戦火につつまれ全滅したA村を時々ふりかえりながら山道を下った。後からふろしきにいくばくかの衣類をかかえた妻の金英琴がとぼとぼとついていた。警察と××青年会(右翼団体)に村が襲われたとき、英植はかなり手ひどくなぐられた。本当に死ぬかと思った。「このアカ野郎が!」という怒声とともに警棒でなぐられたのを最後に彼は失神した。それが幸いしていのちをひろったようなものだった。警察と右翼が引きあげた後、彼は山に逃がしておいた妻や子供とともにこの村を離れる決意をしたのだ。「アイゴー、英琴や、もうだめだ。先祖代代住んでおったこの村をあとにせんとだめとはなあ。おじさんやおばさん一家も全部殺されてしもうた。どこへ行くあてもない。今や済州島全部がこんな状態だ。前の戦争で日本にいためつけられ、今度はまたアメリカと警察にやられる、何という運命だ! わたし達はどうなってもいいが子供たちが本当に不びんだよ」妻はただうなづくばかりだった。どこへ行くというあてもなく彼らは山道を歩きつづけた。時に、一九四八年の冬のことであった。

その後、朴英植一家は北済州郡B村にたどりついたが、そこで乞食同様の暮しをせざるを得なかった。耕す土地もなければ住む場所も満足にない。もちろん食べるものとて同じであった。生活の苦しさから再び流浪し、C町に移り住んだ。

C町は海が近い。白い砂浜が延々と続き、青く澄みきった海は日本の青海島の比ではない。アワビや海藻、魚の宝庫でもある。人々は半農半漁のような生活であり、朴英植もなんとか村の人々の介添でそのまじめさをかわれ日本でいう馬喰の仕事にありついた。ちょうどその頃、三男成生が生れ、景生にも弟が出来た。家族六人やっとなんとか生きてゆける暮しができるようになった。とはいえ、ムギめしもまともに食えずダイコンやイモをムギ粉でまぜてたいたものを食べていた。しかしそれでも朴英植はうれしかった。村が襲われた時になぐられた身体の傷は日々痛むけれど、苦しい馬喰の仕事をしていても、とにかく彼は嬉しかった。家族そろって無事に生きてゆけることが。

(つづく)

編集後記じゃあ

生野××××(職場の名前)女子寮おフロでのオッパイコンテスト堂々2位のM子ちゃん、退職して郷里へ帰っちゃうのだ、もうチラン! そやけど、おなら社ドラフト1位指名のクール・ボーイT君が入社(本人はオブザーバーやいうとるけど)江川みたいにゴネんとスッとへりや!

おなら

猪飼野地域新聞

発行
おなら社

東成区大今里南2-20-12

1979・2・1
九発目 カンパ20円

『キムチは朝鮮人の命の糧なんや。厳しい朝鮮の冬を越す為にも、日本の支配下にあった血の出るような生活を生き抜く為にも。一世の親たちが在日の生活を切り開く為にも。キムチがあったから朝鮮人は生き延びてこれたとまで言われることもあるしね。』そう話してくれたのは在日二世になる友達であった。

一口にキムチといっても日本人の食卓にも慣じみになった白菜のキムチから、オイキムチ（きゅうり）カッテギ（大根）ムル（水）キムチ等と種類は豊富である。

キムチを漬けてみたいんです。そういう私に国際マーケットでキムチの商売をはじめて軽く十年はとうに過ぎてしまったというアジュモニ（おばさん）は、「キムチを漬けるのに一番肝心なんは塩かげんなんや」と教えてくれた。

大雑把にいってキムチの漬け方は、先ず白菜を洗い葉一枚一枚に塩をまぶす。ここで塩の量が多すぎれば出来上がりがにがくなるし、少なければ水っぽくなってしまう。一晩おいて葉がしなやかになれば水洗いし絞り、とうがらし・えび・にんにく・しょうが等好みに忍び込ませカツオやコンブでとった出し汁で漬け込む。

たかが漬物じゃないかと思われる方がいるかも知れないがこのキムチ、ビタミンC・乳酸菌を豊富に含むというからまさに健康食品なのである。

ここ猪飼野にはキムチを売る店が何十軒もある。

我がおなら社のメンメンもあそこのキムチはうまいとか。ちょっと漬かりすぎやったとかキムチの味にはうるさくなった。

猪飼野の詩8

—キムチのこと— 文 写真 芽キャベツ

猪飼野の詩を取材するにあたって私がよく買う店のアジュモニに写真をとらせて欲しいと無理を承知でたのんでみた。「別にキムチ売っとるだけやし、いいよ」と恥ずかしそうに帽子をとり髪を整えキムチを並びかえてくれたアジュモニ。

自分でキムチを漬け、屋台でキムチを売る。北風の吹く肌寒い冬の午後。日が沈むころ屋台をしめると話してくれた。

編集前記

南州雅代

恥場の関係で在日朝鮮人一世のハルモニ（おばあさん）と顔を合わすことが多い。

朝、掃除をしていた私は、「おはよう」と愛想をふるまったつもりでいった。ハルモニは気にくわぬ顔をしながら朝鮮語でなにやらブツブツ言っている。つまりやり直して「おはようございます」といいなさいと言っているのだった。私はひとつ覚えの「ミヤナミダ」（ごめんなさい）といって、もういっぺんやり直し「おはようございます」と言った。そしたらハルモニは「娘や息子はそうでなくてはいけない」とにっこり笑った。私のある朝のひとコマである。

芽キャベツ

おなら七発目に係ってくれた小町さんは、田舎でもおならをひろげるよといって郷里の鹿児島へ帰っていった。今年からおなら社社員になったまごとちゃんは彼女の友達である。

彼女のまいた種は、どんな芽を出すのだろうか!?

東京からやってきたさん吉さんは、猪飼野風にあてられて、五月大阪に引越してくることになった。

おなら社もにぎやかになって内容充実。読者の皆さん 乞う御批判!。

載方式
連一る
朝しよ
短りに

小説もどき

海を越えて

才２回

黒木鷹

〈前回のあらすじ〉

一九四五年　日本が太平洋戦争に敗れ、朝鮮が三十数年に及ぶ日本植民地支配から開放されたのち李承晩とアメリカの軍事政権は、済州島を軍事基地にしようと企てた。

この圧政に対し島民は、あらゆるものを武器にして立ちあがった。

これがいわゆる一九四八年四月三日に始まる済州島事件である。

その戦火の中をくぐりぬけた朴英植（パクヨンスク）一家は、荒涼となったA村を後にし、放浪の生活を送りC町にたどりついた。

朴一家が、流浪の果てにC町にたどりついてから十数年の歳月が流れた。朴英植は、今では馬喰（バクロウ）の仕事をやめ、自分の土地ももつようになっていた。といっても小作人としてだが、夏の間は、サツマイモを作り、冬の間は、漁業にいそしんでいた。また子供も増え成明（ソンミョン）〈長男〉景生（キョンセン）〈次男〉順伊（スニ）〈長女〉の他に成生（ソンセン）〈三男〉、紅玉（ホンオク）〈次女〉が生まれていた。

十年前、廃墟と化したA村を朴英植の背中におぶさってさまよった景生は、13歳になっていた。彼は、付近の腕白達と暴れるのが日課となっていた。

ある朝、いつものように彼は、海を見てボンヤリとしていた。C町の中心街を見渡せる岩の上だった。ほんの二、三メートル先には、二十メートルばかりの断崖が続いている。昨日のけんかで殴られ張れている頬を押えながら――。

「まったく遠三（タルサム）の野郎ときたら、でかい面しやがって！……そやけど、でかい図体だけあってごっついカや。おお痛え――。」

彼は、ふと目をあげ海の方へ見やった。今は冬。寒々とした風の中で銀色に輝いた海に赤々とした朝日の筋が光っていた。思わず声を出してつぶやいた。

「あ――。今日もいい元気だな！。海を見ていると、いやなこと全部忘れる。ほんまに。この海渡れば本土があって、また別の方角にイルボン〈日本〉があるんやな。アボジ〈おとうさん〉は、日本人は悪いやつらばっかりやというとるし、北海道の炭抗で働いとった趙じいちゃんは、悪い人間ばっかりやのうて、ええ人間もおるというし、どっちがほんまなんやろうか。そんで本土へ行ったら済州人（チェジュムサラム）ということで差別されるというし――。わからん!!」

彼は、最近こんな風に、海の彼方の事を空想するようになっていた。半農、半漁という今の貧しい生活からぬけ出したいという冒険心と好奇心のあらわれだった。また、別に何か漠然としながらも『本土』よりも『日本』により、『憧景』のようなものを感じるのだった。その気持ちは、彼の父親が『日本』をけなせばけなすほど強くなっていた。

そんな時、C町の方角から海岸沿いの道を荷物をかかえて、トボトボと歩いて来る二つの影があった。それは、この付近では見かけない二人の少女だった。

彼は、二人と視線があった時なんとなく赤くなるのを感じた。通りすぎる二人の後ろ姿をボンヤリと見ていた。

しばらくして彼が家にもどると母親が家の入口でとなりのおばさんと、さっき見かけた二人の少女を相手に話をしていた。母親は、帰ってきた景生に気がつき呼びとめた。

「景生や!!こっちへ来て、あいさつおし。」

少女達は、うやうやしくお辞儀をした。景生もどぎまぎしながらお辞儀を返した。景生は、小さな紅玉の方をなんとなく気にしながら家の中にはいった。彼は自分の心臓がドキドキとなるのを感じた。

「ちっ　すましてやがる!!」

と心の中でつぶやきながら――。

この二人の姉妹は、今までA村の親類の家にいたが、その親類が死んだのでこのC町に住む遠縁の李さんの家に身を寄せたのであった。

彼女たちの両親と二人の姉は、一九四八年っ四、三済州島事件の動乱の中で警察・右翼青年団にパルゲンイ〈赤野郎〉とののしられ無惨に殺されたのだった。

彼女達にとって今、頼れるのは、このC町の李秀姫と日本にいるらしい一番上の兄だけだった。

厳しい風の吹きすさぶ済州島の冬にもかすかな陽の光から春のぬくもりが感じられた。

この時　李紅玉（イホンオク）13歳　朴景生（パクキョンセン）13歳　二人にとってこれが運命的な出合いであった。

（つづく）

おなら社　社員多募

原稿募集

トラハルバン（石おやじ）と呼ばれる石仏っ、済州島はすべて火山岩よりなっており、こうした石仏や言積石が広野にのこっている。

イラストがんたろう

おなら
猪飼野地域新聞
—発行—
★おなら社
東成区大今里南2-2042
1979.3.1.
十発目 カンパ20エン

猪飼野の詩 9.

＜在日朝鮮人にとっての就職 その1.＞

文・写真 南州・早川

—「在日朝鮮人にとっての就職」について身近にいる二人の友人（女性、看護婦と医療事務職者）に話を聞いてみた—

—朝鮮人の場合、就職する時、家の仕事を手伝うか、資格をとって技術職につくか、どちらかだってことをよく聞くんだけれど……。

Sさん—資格をとっても思い通りにゆかないことが多い。私は一般事務から労働省の認定試験を受けて今の医療事務に移った。今の職につくまで仲々やった。

Kさん—今、日本の状況が大学でても職がないから技術を修得しようという傾向にあるから、少なからず在日朝鮮人もその影響を受けている事は確かやね。でも、ヘップとか家内工業についている人はその日暮らしというか、時間的に余裕がないから資格を取ることも出来ないでいることが多い。資格を取れるということはある意味で恵まれているもんね。たとえば医者っていうのは日本社会でもエリートやけど在日朝鮮人社会ではピカ一の職や。親が私に看護婦になることを許したんも医者の嫁になる可能性があると思ったからやもんね。（笑い）

—なんで看護婦になろうと考えたの？

Kさん—私は割と経済的に恵まれていたし社会的に差別云々と考えたこともあまりなかったから、就職についてそれ程、深く考えなかった。ただ憧れて入っただけ。

—Sさんは医療事務やけど……。

Sさん—これから一人でも生きていけることを考えて……。

—中学や高校の頃、就職で頭をいためたことは？

Sさん—弟なんかクラスでも最後まで残って、四ヶ月間、卒業してからも決まらずイライラしていた。

Kさん—高校出る時、就職に夢も希望も持てんことを知る。私、高校受験の時、公立はスンナリ決まったけど私立の時、国籍の問題で先生が勝手に決めた。どこにぶつけようもなくてやるせなかった。

Sさん—あの頃、特にそういうの多かったもんね。

Kさん—資格でも受けられへんのがある。飛行機のパイロット受けようとしていた人も切られてガックリきてた。看護婦でも公立の病院だと婦長にはなれないしね。頑張っても先は見えてる。

—やっぱりそういった状況が家の仕事を手伝ったり、家内工業を始めることにつながるのやろうね。

Kさん—日本人の中で朝鮮人としての自覚をもって生きていくというような、しっかりした意志があれば別だが、みんな金を得る為に生きているんや。そやから是が非でも外に働きにいこうとはしない。身内で何か仕事をしようとするケースが多い。女は特に親が出したがらないし、長男はもちろんあととり。もともと朝鮮人は人に使われることをあんまり好まんみたいやしね。だから少こしでも資本があったら何かを始める。神戸やったら靴、京都なら西陣という感じでね。

そやから一般的に言えば資格を持つという傾向は、そう多くもないと思う。増えているのは確かやけど。●

──おなら社告知板──

ホン・ヨンウンひとりコンサート

3/10（土） P.M.6:00
★ピッコロシアター
（阪急塚口駅下車10分）
前売500エン当日600エン

3/17（土） P.M.6:00
★部落解放センター
（環状線芦原橋駅下車5分）
前売500エン当日600エン

☆チケットおなら社にもあります!!

小説もどき

海を越えて

短期連載リレー

〈才三回〉いよいよ佳境に入る!

清水達也

血の済州島事件で村を焼き出された朴一家は流浪のはてにC町にたどりつく。C町は済州島北部の海辺の町。そして戦火で苦しんだ朴一家の生活も、細々ながらどうにか暮らしてゆけるメドがつき始めた。景生も、もう子供から大人への入り口にいた。

そんなある日、彼の隣に身よりのない姉妹が引っ越してきた。

やがて、その妹、李紅玉と景生にはほのかな愛がめばえ、同時に苦悩が二人をおそい始めた。

ババババーンという破裂音とともに船にエンジンがかかった。真暗な船倉にじっとうずくまっていた密航者たちからいっせいにオーッというような溜息がもれた。

船は動き出した。だんだんと回転をあげてゆくエンジン音を混ってザアーッという、船が波をわける音が船倉に伝わってくる。六帖程の広さの船底に二、三十人の人間が押し込まれていた。朴景生はヒザ頭を抱えて息を殺していた。ついさっきまでは、早く船が動いてくれればいいのにと思っていたが、間断なく伝わってくる船の波をけける音になんとも言えない恐怖心が湧いた。もうあともどりは出来ない。その怖さだった。島では生きてゆくことが出来ない。オオサカへ行く以外に生きるあてはない。何度も何度もそう決心して船に乗ったはずであった。しかし、この怖さはやがて狂おしい望郷の念を若い景生に起こさせた。ついこの間まで暮らしていた島であるのに、もう二度と帰れぬ遠い遠い島になったのだ。めまいのように島での暮しが脳裡をかけめぐった。二十才になったばかりの景生であった。

＊　＊　＊

彼は幼い頃から海をみるのが好きだった。目の前に真一文字に広がる水平線はつきることのない夢を与えてくれた。景生が13才の時隣に越して来た李紅玉を誘って二人でよく海を眺めた。ある時は青い空と青い海が一本の水平線でわかたれた真夏の海を、またある時はこがね色にかがやく夕暮れの海を。そして若い二人は海に夢を託しながら自分の将来について長い時間語りあった。小川が大河となって海に流れてゆくように、幼い二人は全く自然に若い恋人同志になっていた。

しかし、十七、八の男と女が連れだって歩くのを周囲の大人達は好ましい光景とは思わなかった。家のものからその事を言われるたびに二人の絆は逆に強くなっていくようだった。

学校を出てもまともな働き口はなかった。でも、二人共自分で生きてゆく道をみつけなければならない。家は貧しかった。ただ生きてゆく、そのことの為に苦しまなければならない二人であった。それがまた二人を引き離さぬ強い糸にした。

そんなある日、暮れゆく海の潮騒の中で二人は黙って水平線を見つめていた。「俺、オオサカへ行って働く。日本へ行くしか方法ない。」ぽつりと景生は言った。

済州島の人々にとって、オオサカは、ある意味でプサンやソウルより身近な土地である。日本の三十数年間の朝鮮植民地支配の間、日本は済州島の西帰浦から大阪の天保山へ直行の連絡便を運行させて、田畑を奪って生きてゆくあてをなくさせた人々を無理矢理大阪へ送り込んだ。そして牛馬にも劣る扱いで働かさせた。その結果、大阪のど真ん中に才二の「済州島」が出来あがった。猪飼野である。およそ四万といわれる猪飼野の朝鮮人、韓国人のほとんどが済州島出身者である。

「オオサカには親せきもあるし。なんとかやってみる。そして、立派に一人前になったら……」

景生はそこで言葉につまった。甘苦しい恥しさであった。紅玉はニッコリ笑って景生のほうをふり返った。その笑顔に助けられて、「そしたら紅玉、おまえと一緒になるんや!」一気にそう言って、恥かしさから、真すぐ海を見続けた。沈黙の中で潮騒が大きくなった。

「景生」と小さく紅玉はささやいた。「ン?」とふりむいた景生の前に紅玉はそっとまぶたを閉じた顔をさし出していた。一瞬、景生は彼女のこの動作の意味がわからなかった。「あっ」と思った後は、今度は何がなんだかわからなくなった。ブルブルとふるえる手で紅玉の肩に手をかけ、そっと彼女の唇に自分の唇をもっていった。若い女の甘い香りがした……。

＊　＊　＊

真暗な船倉でヒザ頭に顔をうずめた景生は、そこでフッと我に返った。「そうだ、生きてゆくんだ。なんとしても生きてゆくんだ!」

船は単調なエンジンの音を引きずりながら、確実に日本に近づきつつあった。

〈つづく〉

〈イラスト〉がんたろう。天下大将軍・天下女将軍・村の入口にある悪鬼よけ

編集後記

●この間、ある署名をお願いに猪飼野を回わった。これこれで、この署名をやっているのですがお願いします、としゃべっている最中に、「あんた、オナラの人でしょ?」と、そのお母さん(まだまだ若い!)が言った。「ハア」と間抜けた声でぼくはてれながら答えた。お母さんいわく「私、いつもオモシロイなあいうて見てますよ。子供もオモシロイいうてね。それで、一体、誰がオナラまいてんねやろうていつも家で言うてましてん。日本人はっかりでやってはんねんてね。これからもガンバッテね。」

●いつもオナラを配ってて、一体誰がこんな紙キレ見てくれるんやろとサミシイ気分になることもあるのだが、やっぱりいろんなところでオナラを見てくれてるんやなあと思い、喜色満面。「あいつら日本人のうれしがり」と言われても馬耳東風をきめこむで。「うれしがり」、上等やないか。「うれしがり」にはうれしがりの意地がある。おなら社は頑張る!(J)

御感想、御批判、なんでも結構です。おなら社へ!（東成区大今里南2-20-12）

オンパを!

おなら

猪飼野地域新聞

発行 おなら社
東成区大今里南二丁目20-12

1979・5・15
十二発目

猪飼野の詩 .10
♪― ホン・ヨンウン ―♪

写真 岩渕英司
文 伊藤暖

洪栄雄(ホンヨンウン)21才。唄い手。在日朝鮮人二世。『おなら』の中でも二度程、彼の写真をのせたことがあるので『ああ、あの子か』と気づく人もいるだろう。生野区に住む。家業は塗装屋さん。まさにウッディガスリー（アメリカフォークの代表的シンガー）だ。日本の芸能界には数多く在日朝鮮人の歌手がいる。しかし、ほとんどといって『私は朝鮮人だ。』と名乗りあげて唄っている人はいない。もちろんそれは彼らの責任ではない。日本社会の問題なのだ。元ロックグループ・キャロルのメンバーだったジョニー大倉は本名朴宇燦を名乗って、映画『異邦人の河』に主演したがため一時、音楽界をほされたという。そんな日本社会の中にあって、洪栄雄は別に肩イカらすこともなく本名・洪栄雄で唄う。

『中学二年の頃、俺の向かえに住んでる友達がギターを持って、よう遊びに来て、その時、唄ってくれたんが岡林信康の"手紙"やったんや。』

彼は始めてそこで唄に出逢った。自分の中でうっ積しているものを吐き出したい。何かにぶつけたいという気持ちにかられていた14才の頃。彼はギターに弦を張った。中学卒業後、家業を手伝っていたが、頂度オイルショックの不況下で仕事が途絶えがちになった。それが幸い(?)して彼は自分で詩をつくり曲をつけるようになる。18才の時、始めて人前で唄った。―『もしも一つになったら』『俺は日本人じゃないんだぜ』―以来三年間、彼は唄を捨てないできた。彼は言う、『もう在日朝鮮人二世の唄です、というレッテルは、はずして欲しい。ホンヨンウンの唄として聞いて欲しい。第一、俺は自分のことしか唄わないから』 彼の唄がいわゆる『受ける』のもそこらあたりにあるのだろうし、また敬遠されるとすればそれもそこらあたりにあるのだろう。しかしながら彼がどう主張しようと彼の唄はまさに在日朝鮮人二世の唄だ。大ゲサに言えば在日朝鮮人二世の熱い思いを全部背おって唄わざるを得ない。そこに彼の苦闘があるし、彼の唄があるのだ。彼の唄を聞いたことがある人なら分かるだろうが決してウマクナイ唄が、ギターが、荒々しいほどの骨太いひびきとガラス細工のような繊細さを聞くものに伝える所以は、おそらくここにあるのだろう。ともあれ、今後いろんな意味でひとまわりもふたまわりも成長が期待されている若者である。日本人・朝鮮人を問わず、熱い視線が彼に送られているのだから。

読者からのお便り

おなら読ませていただいて、少なからず驚きを感じてしまいました。何に驚いたかというと、まず自分及び自分の周囲での朝鮮人問題（と教条的にひとまとめにしてしまう訳にはいかないのでしょうが）に対する認識の浅さです。それは、私の生活してきた環境に朝鮮人がいなかったという一点につきることに由来すると思いますが。今、現在でも私の日常には朝鮮人問題に対する問題意識は正直いって意識されていません。いわんや加害者という存在としての自分はタテマエとしてしか意識されてません。もう一つ驚いたのは、そういう日本人が多いと私には思われる中でこういう形でこの問題を見つめている"おなら社"の方々の存在です。こういう試みは私としては他に類を知りません。何と言って表現していいかわかりませんが。画期的というか、すばらしいというか、大したものだというか（というような私のような日本人がいる限り朝鮮人問題の前途は多難なんですね。おなら社の試みが全ての日本人にとって当り前のごく自然で普通のことにならない限り）しかし現時点では、やはり私は現実を見ておなら社の試みに拍子を送りたいと思います！…とこの主体性のない書き方…これがそのまま私の問題意識の程度を物語っていますね。頑張って下さい。（一部略）

二十歳になる女性より

海を越えて

小説もどき いよいよクライマックス！

才五回　芽キャベツ

〈前回までのあらすじ〉

済州島事件で焼き出された景生一家。そして身よりもなく叔母に預けられた紅玉。ふたりは、恋人同志であった。そんな中にも済州島の状況はきびしくなるばかり――。日本への渡航を志した景生は、紅玉へ別れをつげる。大阪についた景生は、男に売られてしまったのに気がつく。途方にくれた景生は公園にうずくまってしまった。

一方紅玉は、景生の後を追うようにして密航船に乗りこみ大阪にたどりついた。

紅玉は夕暮れの朝鮮市場を歩いていた。ぽつぽつと灯されはじめた裸電球の下に並ぶ乾し魚やキムチのかめ。市場は夕飯を忙ぐ買物客でごったがえしていた。

幸いにも「密航船」の中で知り合った梁仁龍と名のる男に助けられて、無事おばの家までたどりついた紅玉は、散々無謀な渡航を罵しられはしたが、おば一家に暖かく向え入れられた。しかし、おばの家とて紅玉の食いぶちまでみられる暮しでなく、紅玉は次の日からヘップ見習いとして働くことになった。換気の悪い仕事場で黙々と働く貼り子達に混って、紅玉の日本での生活は始まった。

「日本へ行ケバ、ナントカ食ッテイケル ト言ッテイタケド、コレが現実ナンカ。」でも紅玉は、故郷で親類をたらい回しされた生活より自分の腕を磨けばなんとか生きていける今の生活がうれしかった。二度と帰らないと決心した故郷であったが、この街は朝鮮の匂いがぷんぷんとしていた。仕事に疲れた体を癒すように市場へ足が向いた。山も海もない大阪の街。しかしこの市場には、海の香りをもとどくように紅玉には感じられるのだった。

※　※　※　※　※

「景生、今度の日曜日は、済州島C町出身者の野遊会（お花見）があるんや。行くか？」

過労とうらぎりから死線をさまよっていた景生を救ってくれた洪奉鉉は、仕事の手を休めタバコに火をつけた。「ああ行きますよ。」久しぶりにいい空気を吸って疲れた体を休めたいと景生は思った。

野遊会の当日は百名近い人が集り、そこだけは、民族衣装をまとった人々の艶やかさで人目をひいた。皆毎日の苛酷な生活を忘れるように明るい。遠くから見ると桃色にみえる桜も花びら一枚手にとってみると不思議に白い。景生は紅玉のことを想っていた。笑うとえくぼのできる紅玉。両親がなく、引きとられた親戚の家に一日でも置いてもらえるようにと身を粉にして働いていた紅玉。お前も今年の春で二十歳。ひとりぼっちで今どうしているのか。

突然、景生の背後で男がどなった。

「おい、ここは日本や。日本の歌うとうてどこが悪いんや。」さっきまでチョゴリを着た若い女性にネチネチとした、視線を向けていた花見のグループは、酒が入ると――貴様と俺とは同期の桜／咲いた花なら散るのは覚悟／みごとに散ります国のため――。これぞ日本の歌とでもいわんばかりに力をこめて歌った。酒が入るときまって歌われる軍歌。しかしこの歌が歌われてきた歴史のもつ犯罪性にきづこうとはしない彼ら。「やめてくれ！」野遊会にきていた若い青年は、たえきれなくなり叫んだ。歌をせめた男は二ヤニヤと笑いながら青年に近づいた。その時「怒る事は、たやすい。」と青年の肩をたたくものがいた。五十をとうに過ぎたと思われる温和そうなアジョシ（おじさん）は「さあ」と青年を野遊会の輪へ引き戻した。

「景生、今日は飲むぞ。」いまいましい一瞬の出来事をかき消すように奉鉉は酒をあおった。誰とはなくアリランの唄が始まり杖鼓の響きに人々は舞いはじめた。皆手をひろげ肩で踊る。足どりは軽く美しい。

「さあ 恥ずかしがらんと一緒に踊ろう。」みるからにたくましそうなオモニは、まっ赤に頬を染めた一人の若い女を踊りの輪へ引きずり込んだ。ダン・ダ・ダンと杖鼓の拍子に女は人々の間を縫うように踊り始めた。景生は、不思議な糸に引かれるようにその女の後ろ姿を追った。「まさか!?」故郷にいる紅玉が日本にいる筈がない。踊っていた女はチマの裾を華やかにひるがえしてクルリと回った。「紅玉！」周りの者がビックリするほどの大声で景生は思わずさけんでいた。その声に女は一瞬動きをとめた。せきを切った水が一度にどっとあふれ出すように景生は駆け出していた。

目の前には日本へ来てから、一日とて想わなかったことのなかった紛れもない紅玉の涙に濡れたやさしい顔があった。

（つづく）

編集後記

✿あることでトラハルバン（石おやじと呼ばれる済州島の石仏）を書くことになった。絵なんて何年ぶりに書くことだしどうもうまく書けない。苦労の末やっと出来上がったものはどれもこれもへんなものばかり――。穴戸錠に似たものがあったり今にもおこられそうなものがあったりやっとできたど――。ほんまに疲れたわ。目の前にあるトラハルバンに笑われているような気がします。（南州 雅代）

✿いよいよ「海を越えて」も来月で最終回。才5回目は私が担当しましたが、おなら社例会で、原稿の最終検討の日、たまたま出されたお酒によっぱらって、のびてしまいました。

皆様、お酒にはくれぐれも御用心！（芽キャベツ）

✿むくげの会のHさん　朝鮮語講座・作文集　どうもありがとう！

✿おなら社例会のおしらせ

毎週水曜日　午後七時より

伊藤順宅（おなら社の住所です）

✿御批判、御感想を！

おなら一周年記念!

おなら

猪飼野地域新聞

発行 おなら社
東成区大今里南二丁目20-12

一周年記念号!
カンパ20エン

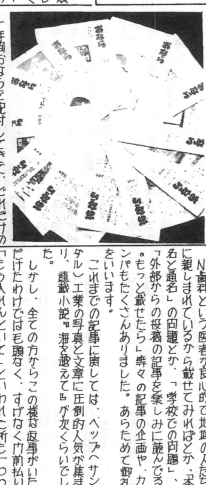

六月も下旬、いかがお過ごしですか?「恥ずかしながら…」とか何とか言っておいて、恥ずかし気などどこ吹く風と、若い娘もオナラ、オナラと大声で話し合いつつ、もう一年になりました。オナラ社社員の心の底には「一体どれだけの人が読んでくれてるんやろう」「どんな風に思われてるんやろう」「ポストから即ゴミ箱とちゃうやろか」という気持ちは常にあり、この一年を総括する意味でも一度アンケートをとってみてはどうかという提案がなされました。

アンケートの内容としては①「おなら」を知っていますか?②何回ぐらい読まれたことがありますか?③今までに印象に残った記事、写真は何ですか?④「おなら」を地域で配布している事についてどう思われますか?という四項目で、実に多様な御返事がいただけました。以下、報告してゆきます。

❶アンケート対象者表(回答80.無回答20)

性別＼世代別	10代	20代	30代	40代	50代	60代	70代	80代
男(21)	1	5	2	2	6	3	1	1
女(59)	1	9	18	14	14	2	1	0

❷アンケート項目①「おなら」を知っていますか?(回答80.ただし「知っている」人は無回答者にもいた)

	10代	20代	30代	40代	50代	60代	70代	80代
ハイ(70)	1	12	20	10	19	5	2	1
イイエ(10)	1	2	0	6	1	0	0	0

❸アンケート項目②何回ぐらい読まれたことがありますか?

回数＼世代	10代	20代	30代	40代	50代	60代	70代	80代
0	0	0	2	2	6			
1		1	2		1	1		
2			3		2			
3		8	2	3	3		1	
4				1	2	2		
5		2	1	1	2	1	1	
6		1	1					
7			1					
8								
9								
10				1	1			1
11								
12	1		8	2	2	1		

㊟無回答者20名のうち12名は「おなら」を知っていた。8名は配布を拒否。

一年間おならを配付してきて、どれだけの人の目にとまったか、どんな記事がウケているか、部屋の中にとじこもっていては聞けないし、客観的な評価をいただきに日本人と思われる家庭に百軒程、お邪魔させていただきました。(何軒かは朝鮮人の家庭もおうかがいしました。)内容を読まれていないにしても、「おなら」を御存知の方はほとんどで(中には『便通』のCMかと思っておられた方もいた。)名前が面白いとか、逆に名前を変えてはという意見もありました。

しかし、家内工業、共稼ぎと多忙な暮らしの中で月何千円という金を払っている新聞でさえ目を通す時間もない。こういった状況の中で毎月、楽しみに待っている人がわずかながらでもおられるということは私たちの成果のひとつと喜こんでおります。

桃谷三丁目のNさん(十八、九才女性)はその中のひとり。高校時代の友人に朝鮮人の子がいて彼女が就職差別を受けていた。とってもいい子だったのにすごくくやしかった。その友人の事などを考えながら十二回、全て読んでるとのことでした。

中川西一丁目に住む八〇才のおじいちゃん(猪飼野に五〇年住む)は、政治家の匂いがしないで、すんなりおもしろく読める点を評価してくれた。

また、ある人は、地域の中で見過ごされがちな小さな事がクローズアップされているのがいいと言ってくれた。

N歯科という医者が良心的で地域の人たちに親しまれているから載せてみればとか、「本名と通名」の問題とか、「学校での問題」、「外部からの投稿の記事を楽しみに読んでる。もっと載せたら」等々の記事の企画や、カンパもたくさんありました。あらためて御礼をいいます。

これまでの記事に関しては、ヘップ(サンダル)工業の写真と文章に圧倒的人気が集まり、連載小説『海を越えて』が次ぐらいでした。

しかし、全ての方からこの様な返事がいただけたわけでは毛頭なく、すげなく門前払い「もう入れんといて」といわれた所も一〇〇軒中八軒ぐらいありました。何故、ことわられるのか、もっと突っ込んでお尋ねすればよかったと、少々後悔。

「おなら」を出す私たちと、「おなら」を読まれる人たち。この関係は一年前にはなかったものです。できればもう一歩進んだ所に私たちのつながりを昇華させる為に、季節ごとぐらいのペースでコンサートやイベントをすることもいいなあと考えています。

「調査なくして発言権なし」と、どこかの爺さんもゆうていました。今後もこういうアンケートなどの機会をどんどん持ってゆこうと考えています。その節はよろしく!今回は本当にどうもありがとうございました。

へんしゅうこうき

★今国会で元号法制化が決定された。私たちのふだんのくらしの中で、とりたてて関係もなく進んでいる今の日本の情況は一体どうなのか?!インベーダーゲーム、パチンコ、サーフィンと(私もこの中のふたつはするのだが)遊び疲れて、ふっと気づくと、足もとからからめとられている自分がいる。警戒々々。(順)

★読者の皆さんの投稿、お手紙、カンパなんでも送ってください!(おなら社)

郵便振込 大阪 53181
大阪市東成区大今里南2-20-12 おなら社

リレー方式 小説もどき

海を越えて 最終回

南川雅代

〈前回までのあらすじ〉

済州島事件で焼け出された景生一家の生活はきびしいものだった。

成長した景生には働くあてもなく、日本へ密航するしかないと意を固めた。愛する紅玉に別れをつげ日本へ渡った景生。

一方、景生のあとを追って玄海を越えた紅玉。二人は運命の糸で再び出逢えた。

「お母ちゃん、ご飯まだあ。」六才になる明秀(ミョンス)は、家の戸を開けるなりまっ黒に日やけした顔をのぞかせた。紅玉(ホンオッ)は早や三人の子持ちになっていて、上から明秀六才、順子(スンジャ)五才、満一才になったばかりの明生(ミョンセン)。

野遊会で再会したのち、ふたりは結婚の意志をたしかめあった。そして、ふたりだけの結婚式。たった一人の紅玉の母は、ふたりの結婚に対しあまりいい顔をしていなかった。先に、おこりうる様々な問題を考えてだろうが。それでもふたりはサンダル加工業で、独立したいと考えていた。「もうここまできた以上、自分の手で生活を築きあげたいんだ。」と景生(キョンセン)は言いきった。最初は、資金、借家などの問題で途方にくれる日も多かったが、景生の仕事ぶりや性格を見込んでくれる何人かの人と、紅玉の協力、はげましもあり何とか営んでいけるようになっていた。その間、三人の子供が生まれた。

「ねえー、お母ちゃん。朝鮮アサガオの苗、むかえのオバちゃんにもろてん。どこに植えたらええ?」順子は、両手に五つ、六つの苗をかかえてやってきた。

「あ、そうやね。そこの窓の下ならエエんちゃう。暑くなったら陽よけにもなるやろうしね。」紅玉は、仕事の手を休め植えるのを手伝った。順子のちいさな手が一生けんめいに土をおさえている。そして、すっかり節くれだってしまった紅玉の手が――。

「早よ、咲いたらええね。」

「ウン、どんな花が咲くんかな。」

紅玉は、花に水をやりながら、今のささやかな生活に喜こびを感じていた。あれ程一緒になりたかった景生がいて、そして三人の子供達と共に暮してゆけることが――。

「早よう、ご飯まだ、腹へったよう。」奥の方では明秀が呼んでいる。

「もうちょっと、待ちよ。」と紅玉は笑いながら部屋の中に入っていった。

★ ★ ★

順子の植えた朝鮮アサガオもいくつかつぼみをつけた頃だった。いつものように夕飯の買いものに八百屋に立ち寄った時のことだった。

「昨日なあ、三人の刑事みたいな奴があんたとこのこと詳しい聞きに来とったで。」と、紅玉の顔をのぞきこむように、そこのオヤジは言った。

「あ、そう。なんで。」紅玉はそれだけの言葉を返すのがやっとだった。急いで家に帰りこのことを景生へ告げた。

「えっ、ほんとか。」景生は一瞬目の前が真っ暗になった。無意識のうちにサンダルをにぎりしめていた。

「今日の分がもうちょっと残っとる。それからにしよう。」と、思いたったようにまた手を動かし始めた。肩が小きざみにふるえていた。

夕食もいつもならにぎやかすぎるくらいなのに、今日は張りつめた空気が紅玉と景生の間にある。子供たちの会話だけが空をとんでいる感じだった。景生は思いつめながらハシをはこんでいた。

「お父ちゃん病気か?」と長男の明秀は景生の顔をのぞき込んだ。

「うるさい!どうもせん。」と、思わず声を張りあげてしまっていた。いつもと違うふんいきに気づいたらしく早く寝床に入ってゆく子供たち――。

景生はその後姿を見ながら、「すまんおまえらには何の罪もない。」と、ひとりつぶやいた。紅玉と景生は寝つかれないまま、時間だけが過ぎていった。横で寝ている明生の寝顔、そして順子や明秀の寝息を立てて眠っている姿。紅玉には何物かによってこのつかの間の幸わせがこっぱみじんにくずされていくのがわかっていた。それを思うと涙があふれてたまらなかった。

「いったいどうなるの私たち。どうしたらいいの私たち……。」

景生は黙って天井をにらんでいた。

「自首しよう…。子供たちの先のこともあるし。」と、つぶやいた。

景生と紅玉にとって日本に来て以来、一番長い夜があけようとしていた。

イラスト・JUN

★ ★ ★

「おかあちゃん来てみ。朝鮮アサガオ咲いたわ!」順子が大きな声で紅玉を呼んだ。「ほんまやねえ、きれいに咲いたねえ。」昨夜は一睡もしていない紅玉は、それでもやさしい笑顔で順子に答えた。朝の光が寝不足の顔にまぶしかった。順子に引きこまれ、あざやかな朝鮮アサガオに見とれていた紅玉は、急に花が影っていくのに気づいた。緩慢に体を後にふり向けた時、三人の男が立っていた。

「鉄紅玉だね。朴景生もいるんだろう。不法入国及び外国人登録法違反の容疑で取りしらべる。」

紅玉はアサガオのあざやかな色の残影に目まいをおぼえ、捜査官に両腕をとられるのと同時に、体の力が抜けていった。

紅玉は、すべてが、夫も、子供たちも、済州島の育った町も、父も母も、姉もすべてが暗やみの中にちりぢりになってゆく幻を見た。

一九七八年七月。

朴景生三十一才
李紅玉二十九才
朴明秀六才
〃順子五才
〃明生一才

〈完了〉

★「海を越えて」は一応今回でもって終了します。小説などと全く無縁に近い私たちが書いたものでしたがいかがでしたか?またあらたな企画を考えています。よろしく!

おなら

猪飼野地域新聞
発行　おなら社
東成区大今里南二丁目20-12
十五倍判　中四発目
カンパ20エン

かあちゃんと呼んでいた
金が欲しい時だけ　オモニと呼んだ
あんたが国の言葉をつかうたび耳をとじて
あんたが国の服を着るたび目をとじた
町を並んで歩いたこともない俺なのに
あんたのことを思うと　いくらでも歌ができてしまう
それほど優しい人だった

子供心ならなんでも許される　そんな筈はない
どれだけ傷つけて　どれだけ泣かしたやら
今はそれを思い出して　あやまってばかり
ひとつあんたに聞きたかったことがあったんだ
生きるために生まれたのかい
働くために生まれたのかい
あんたのことを思うと　いくらでも歌ができてしまう
それほどやさしい人だったよ

〈オモニ　より〉

★洪栄雄

ふたりコンサートに寄せて　～YUZO

このコンサートで歌いたいもののひとつに「大きな自由」という歌がある。その後半はこうだ。

♪時々寂しくなる
　日本人と呼ばれることが
いつか晴れた日　目ざめた朝に
血を越えて　愛し合えたら
おお!!　その日こそ楽しむのだ
この世に生まれてきたことを

日本の雨
飢えないインド
ジャマイカの朝焼け
朝鮮の春
そして、しっかりやってこい
大きな自由

ところで五月に大阪のあるコンサートで、この「大きな自由」を歌ったところ、おなら社の伊藤順が、「朝鮮の春の、朝鮮の発音の仕方へイントネーション」は、京都育ちの勇造には使い慣れてる関西弁の発音やけど、それをとってもいやがる朝鮮人をたくさん知っている。」と伝えてくれた。

俺は、ふだん使ってる言葉や発音を歌の中に取り入れたいと思うてる人間で、朝鮮という発音を変えて歌うことには抵抗がある。しかし、一方ではその発音の仕方をいやがる人達がいる。

五月の順の言葉以来、いつもこの部分に来るとためらってしまう。八月十八日までに、しっかりした答がみつからなかったら、とにかく、自分の感情を一番伝えやすい関西弁の発音の仕方で歌ってみる。じっくり聞いて、いくつもの意見を言ってほしい。

★とよだゆうぞう

〈座談会〉海を越えてを終えて

毎回執筆者が違うという、リレー方式の連載小説もどき「海を越えて」を終えて、おなら社一同でこの連載をふりかえってみての座談会をしてみました。はてさて、どんな座談会になりますことやら…

A きょうは、「海を越えて」を終えて、ということで座談会をやるわけやけど、そやね、まず、書き足りなかったこと、もっとこんなふうに書きたかった、というようなもんがあったらだしてみてください。

B 自分の力からいったら、あれくらいのもんでしょう。わしの実力ではあれ以上のもんは書けへんわ（笑）

C そない言うてしもたら、ミもフタもあらへんやんか（笑）

A 「海を越えて」は朴景生（パク・キョンセン）一家が入管（法務省入国管理局）に捕まるところで終ってるわけやけど、そのへんは…。

D うん、現実にもこの猪飼野には、このパク・キョンセン一家のような目にあってる人が沢山いるわけやけど、このような現実をみるなかで、いままで全然無知だったいわゆる密入国者のことが、少しずつだけどわかってきた。例えば、戦前の日本による朝鮮植民地支配の結果はなればなれになった家族に会うために密入国するケース、そうでなくて、このパク・キョンセンのように戦後朝鮮で生れて、職を求めて密入国するケース、このようにして潜在している人々（主に韓国から）が五万とも十万ともいわれてることなどなど。

E そうやね、その事に関してやけど、入管だけでなく、在日朝鮮人・韓国人問題と取り組んでる人のなかにも「離散家族との再会」のケースでない云々と「線を引く」人がいるけど、このパク・キョンセン一家のようなケースの密入国を我々はどうとらえるのかと言うことが、この「海を越えて」のテーマやと思うけど。

A では、そのへんに話題をしぼって：

B いまEもいうたけど、いわゆる在日朝鮮人問題と取り組んでいる人のなかにさえ、入管顔負けの「線引論」つまり、退去強制に対して、離散家族のケースやったら救援するけど、パク・キョンセン一家のようなケースはあかんというようなことを言う人がいるのには腹が立つ。

C でも、そんな人に対して説得力のある話ができんと、ただ腹が立つだけではあかんと思う。

A そうやね。肉親のオバが何故日本に住んでいるかを考えると、パク・キョンセン一家も大きな意味でいえば、戦争による離散家族なわけやけど、要は、離散家族やから、そうやないからというようなとこで考えるのではなくて、生活の定着のしかたというか、人権というか、そこのところで考えんとあかんと思う。

C それと、日本と朝鮮との戦争をはさんだ歴史的関係を絶対忘れたらあかん。

E 「人権」なんていうと、なんかきれいごとすぎて、この言葉ひとことで片づけるのは好きとちゃうけど、韓国から日本へ渡ってきて、十年以上もあらゆる苦労を重ねてまじめに働き、そして子供はもちろん日本で生れ、日本で育ち、もう小学生にもなっている。そしてこの一家は今後も日本にずっと住みたいと願っている。このような一家を根こそぎ韓国へ送還してしまう、というようなあらゆる法、法どころか、そおいう考え方すらが、今日の国際常識にはずれている。西欧先進国でそんなふうな法的基準を持ってる国はないんや。

D それに、「生きる」ということは、なんぴとといえども奪うことのできない権利なんや。パク・キョンセンのような一家は退去強制されても仕方がないという考え方は、「人が生きる」権利を否定する考え方やと思う。

A ようわかるけど、それはこの場では通じる話であって、パク・キョンセン一家のような現実があるということと全然かかわりのないところで生活をしている多くの人々にとっては、「法をおかして密入国することは悪いことや」という話のほうがすんなり入っていくのが現実やと思うが…。

B それが現実やから、といって負けていてはあかん。その現実のほうが間違ってるわけやから、しんどくてもこの現実になんとか立ち向ってゆかんならんと思う。

E 何回もおんなじこと云うようやけど、戦前日本で生れて、身よりも日本にしかいない人やから退去強制はまちがっていて、パク・キョンセン一家のようなケースは退去強制されても仕方がない、というふうに考えるのではなくて、ひとつ場所に十年以上も住んで、悪いことひとつせんとまじめに働いて、しかも子供はその土地で生れ、育っている、こんな状況の人は、本人が希望する限りその土地に住み続けることが絶対にできる、これが人間としてのあたりまえの考え方やと思う。一人で出稼ぎに来て、金をためてまた家族のもとへ帰って行く「出稼ぎ入国」とは全然ちがうんや。

A 話はつきへんと思うけど、一人でも多くの人にこの「現実」を見つめなおしてもらうよう、今後もおなら社一同、頑張ってゆきましょう。それじゃ、このへんで…。

★へんしゅうこうき★★

●久しぶりに映画を見てきました。「エデンの東」ジェームス・ディーンは何度会っても新鮮な気がする。あんな男になってみたい。

―なんも

●来月号からよそおいもあらたに「おなら」を出してゆきます。「猪飼野の詩」も復活します。また新シリーズ連載も始めます。ヨロシク。

★★★暑中見舞くれた方々アリガトウ（社長）

読者からのお便り● 桃谷四丁目のCさんより

前略、朝鮮アサガオは、北米原産（アメリカ朝鮮アサガオ）又は熱帯アジア原産ナス科で朝鮮とはなんらの因果関係はない。高さ一m位で陽よけにはならない。有毒植物でキチガイナスの異称があり、日本最初の乳癌手術者華岡青州の麻酔処方麻沸散の主薬曼陀羅華がそれである。朝顔はヒルガオ科で違う植物である。作者は朝鮮アサガオの名称にひかれて無理をしたきらいがある。お若いから無理もないが、折角の名作が泣いてますよ。

あなた方の努力、最大に評価しておりますので頑張って下さい。尚、七月に花が咲くのは早い様に思います。夏から秋にかけて白い花（漏斗状の小さい花）が咲く。

お節介ごめん

おなら

猪飼野地域新聞

発行　おなら社
東成区大今里南二丁目20-12

十六発目
カンパ　20円
郵便振替　大阪53181

猪飼野の詩（うた）

つるのはし跡のこと

文・芽キャベツ
写真・土方なんも

千二百余年前、生野区や東住吉区は、人家もまばらな一面の平野であって、その名も「百済野」と呼ばれていた。

百済野には、うぐいすが鳴き、鶴が舞い、桃の花が咲き乱れる景勝の地であったという。またこの一円には百済系渡来人が集団居住していたといわれる。

この古代日本と朝鮮のかかわりを生野区に住む日本人のMさんにお話ししていただきました。

―仏教がよくいわれるようにね。インドではじまって支那に渡って朝鮮へ渡り日本へ来てかなりりっぱに栄えておりましたね。まあ、その経過は向こうからすらーと来たんじゃない。朝鮮の人が奈良へ行くまでにいったん九州へ行ったか、あるいはなんですな。山陰へ行ったか山陽へいったかということになるとね、むしろ案外ずっーと海路で来て、大阪の上町台地（現在の住吉あたり）へ上がっとるんじゃあないですか。（当時、上町台地より西は海であった。）上町台地をあがって峰づたいにきますと、結局あの桃山といわれていた現在の桃谷附近にでる訳なんです。そう考えていくと現在の生野区にある程度渡来人が直接たどりつき、そのまま定着したと考えられる訳です。だから朝鮮から来た人がすぐ奈良へいかないで大阪へあがって大阪で一生送ったかもわからん。二世・三世も大阪におったかもわからん。そして、五世・七世になった時分に河内いって河内の近つ飛鳥といわれる羽曳野の方面へいったと。だからあそこにも沢山の朝鮮の出土品が出てくる訳です。あそこに又、定着して相当年数がたってですね、ま、中にはすぐにさっといった人もあるかもわかりまへんね。けども二代・三代しておるうちに二上山越えて、そして奈良に入った訳ですね。また奈良の橿原方面の多くの資料が高松塚も一緒であって色々と高麗や百済や新羅の風俗そのままで出てくる訳です。

まあ、そんな訳で生野区は文化の入口やった訳です。大体は平野川なり猫間川にそうた高い所に土木や建築技術をもった、あるいは教養をもった文化人が相当住んでおられたであろうということですな。つるのはしは猪甘津の川（平野川）にかけた小橋（おばし）であると日本書紀に記録されていて、それは記録として日本ではじめての橋だという訳です。

日本最古の橋 ―つるのはし跡

今の平野川は割合直線ですが、昔の平野川は蛇のようにぐねぐねとまがっておって下流で猫間川と合流しておった訳です。橋ができて相当年代が経ってから、誰ゆうとはなしに鶴が来るから、めでたいから「つるのはし」にしようというのでつるのはしにしたということです。―

現在、つるのはしは桃谷三丁目に「つるのはし跡」として残っています。

これからも生野に残る史跡を通して、古代日本と朝鮮のかかわりをみつめ直していきたいと思います。

編集中記

●南卅雅代

九月九日、日曜日、天王寺の野外コンサートにいって、『憂歌団』の唄を聞いた。ボーカルの木村君がすてきだった。

●芽キャベツ

おなら、十六発目はえらく難産して、発行が随分とおくれてしまいました。「おなら、どうなってんの。」と心配してくれる人もいたりして、「早よださんと、おならの事忘れてしまわれるよ。」とあせったりもしたのです。が、まあ、あんまりあせらんと納得いくもんをだしていこうと思うてます。

告示板

- 御批判・感想をおよせくださった方ありがとうございます。こちらの返事が遅れていることを詫びいたします。
- おならバックナンバーあります。当社まで御連絡下さい。
- 原稿募集中。

連載をはじめるにあたって

今年は一九七九年。あと数ヶ月で一九八〇年代へ突入する。我々は文字通り、世紀末を生きるのである。「二十世紀は戦争と革命の世紀である」とこの世紀を定義したのは埴谷雄高であるが、とりわけ我々日本人にとってこの世紀はまさしく「戦争の世紀」であった。いや・もっと直載に云えば「侵略と虐殺の世紀」であったと言える。

前世紀の後半、徳川幕府を倒した薩長土肥の西日本連合権力は、日本の近代化を目指して猛然と走り出した。しかし、維新当初たからかに掲げられた「天は人の上に人をつくらず、人の下に人をつくらず」・「自由民権」のスピリットはいつしか雲散霧消し、倒幕後わずか四十年後には、有史以来常に我が国の文明の先達であり、一番近い隣国でもある朝鮮を侵略し、植民地化してしまうという強盗殺人国家になりさがってしまう。あとは坂を転り落ちる石のごとし・・・朝鮮半島での筆舌につくしがたいありとあらゆる蛮行。何十万、何百万という朝鮮人の日本本土への強制連行、中国本土での焼きつくし、奪いつくし、殺しつくす三光作戦と、とどまることなくエスカレートし、一九四五年八月、ついにその侵略と虐殺の歴史は破算した。そしてこの誤ちを繰り返すまいと誓い、「民主日本」として再出発したはずのわが日本。しかし・・東条ファシズム内閣の閣僚であり、A級戦犯である男がいちはやく返り咲いて首相となったり、日本の軍隊こそ進駐していないものの、「味の素」や「ナショナル」のネオンサインはアジアのどの国へ行っても輝いており、実質的には戦前の軍事侵略よりもより過酷であるといわれるこの経済侵略により、アジアの多くの国々では、娘たちの多くが体を売って一家を支える。それをいいことにして、「セックス・アニマル」とさげすまれようとどこ吹く風、日本の男どもは、フイリピン・台湾・そして韓国へと女買いの旅へとむらがりでかけてゆく・・・。

坂本龍馬が、西郷隆盛が、その青春の日々に夢みたであろう近代日本の姿とはこのようなものであったのだろうか！

連載 ほんまのほんま
——近代日本と朝鮮——
●清水彦也●

アジアの民衆にとって、二十世紀のわが日本民族は徹頭徹尾侵略民族であるだろう。（鉄砲がだめなら札束で）とりわけ、一九一〇年から一九四五年、三十六年間植民地支配を行った隣国朝鮮、そしてその結果、在日を余儀なくされた六十五万とも百万ともいわれる在日朝鮮人と我々現代を生きる日本人の関係はどうだろうか。

一番近い隣国である朝鮮と日本の、「明治」維新以来の関係をたどってみることによって、一九八〇年になろうとするこの現代日本にいまなお根強くはびこる朝鮮人差別が言葉では表現できないほど不条理な存在であることを少しでも表現できればと思い、また、そのことを通して、我々日本人のゆがめられた歴史観を少しでも矯正できればと思い、この連載をはじめてみることにした。

ギャ

「キムドクはキムドクでエエやないか！」

文・伊藤順・

こらこらコラム
キムドクは
キムドクで
エエやないか!!
文・伊藤　順

キム・ドク

先日、テレビでプロレスを見ていたらアナウンサーが何か言ってる。「キムドクは、全日本プロレスに入りキムドク改めタイガー戸口となりました」と。

そのことに関して、翌日だったか「大阪スポーツ」にジャイアント馬場、全日本プロレス代表取締役の談話が載っていた。

馬場いわく、「キムドクは名乗らせない。」何かいやな、腹ただしい気分になってきた。いわゆる在日朝鮮・韓国人の本名と通名の問題ではないが、何故キムドクなんていかついエエ名前があるのに全日本プロレスに入るとタイガー戸口なんてマホービンみたいな名前になってしまうのか。馬場の「名乗らせない」という真意はわからんけれど、もし「全日本プロレスに入った以上は」というならアメリカ人のザ・デストロイヤーはそのままの名前でなかったのか。たかがプロレスごときに目くじらをたてるなんてバカげていると思われる人もいるだろう。でもキムドクが日本名・戸口正徳になり、タイガー戸口になることに関して見すごせない問題が日本の現実としてあるのは事実だと思う。

たとえば、外国人が日本に帰化しようとする場合、様々な書類がいるのだけれどそのひとつ、帰化許可申請書というのがあり、その中の申請者心得には「帰化後の氏名は日本式にして下さい。」と明記してある。たとえば有名なギタリスト・クロード・チアリも漢字をあてはめて作らなければならなかった。朝鮮人・韓国人の場合なら戦前日本帝国主義が強権でもって本名を奪い、日本名を名乗らせたその名前を帰化後も強制されているのだ。

「帰化」の是非はともかくも何故、国籍が日本国になったからといって金さん・李さん・朴さんであってあかんのか。アメリカ国籍の中にはドイツ式の名前やらフランス式の名前やら一杯ある。日本国籍であってクロードさんであり、金（キム）さんであって、全く当然のことではないのか。

ことは、名前の問題でおさまらない。日本政府のこういったゴウマンな行為を許してしまっている我らヤマト民族の鈍感さこそを私達は問題にしなければならないと思う。

他者を他者としてみることの出来ない者は、結局自分をもとらえきれていない証拠なのだから。

だからこそ声を大にして言いたい。「キムドクはキムドクでエエやないか！」と。

豊田勇造。ホンヨンウン
・・・いつか出逢える日に・・・
ふたりコンサート　120人集まる！

出逢える日

コンサートに来て下さった方
ありがとうございました。
企画へのかっぱ

ホンヨンウン　豊田勇造

猪飼野地域新聞

発行 おなら社
東成区大今里南二丁目20-12

十七発目

カンパ20エン　郵便振替 大阪53181

猪飼野の詩

文・南州雅代
写真・芽キャベツ

●ホルモン焼屋のKさんに会った

仕事で疲れた時など私はしばしば焼肉やホルモンを食べに行く。店を出る時、不思議に力がついたような気がしてくる。（単純なのかな私？）

かねがねホルモン料理はどうして生まれたんだろうと思っていた私は、ある日焼肉屋さんであるKさん宅をたずねた。

――そりゃあねえ、ホルモンは見た目がグロテスクで日本の方には敬遠されがちですが、日本料理というのは目で食べるでしょう。見ばが美しいとか盛りつけがいいとか、見ばも大事かもしれませんが私は目で食べるより頭で食べなあかんと思います。それが体にどんな影響を与えるのかとか、まして日々のもんやから目で食べようとするのはまちがいですね。

肉などは脂肪分が多いから体に悪いとかいいますね。その点、ホルモン類はあぶらっけが少ないんです。

今、ホルモンをこんなふうに料理しているけど本国にいた時の記憶の限りではこんな料理やらなかったね。きっと、ホルモンは貧しい生活の中から生まれてきたんでしょう。なにかの本で同じ国の人が、ホルモン料理というのは在日朝鮮人における独特の食文化ではないかと述べていたね。

――えっ、だれの作り方ですか？（そばにいた娘さんいわく「お父ちゃん知らへんねん。」）

私は主にそうじをやるんです。本当は商売するのがイヤでね。炊事場に入るのがイヤなんですよ。儒教というのがあって、男は炊事場に入ってウロウロしないというのがあるんです。私にもそういう影響があったんでしょうね。今はこうしてホルモン屋やって一家を支えてますがね、子供に継がそうなんて考えてもいません。私だって他に仕事があったらしたいです。焼肉屋をやる前は、食堂をやってきました。そしたら何人かの人がやってきてコインゲームを置いたらとすすめてくれました。けど私はことわりました。場所がらここに来る人は常連さんばっかりなんです。この辺の零細企業につとめる勤労者ばっかりでね。その人らのおかげでこうして生活やらしてもらっとるのに、その上、お金をまきあげるなんてあまりにも残酷なことでしょう。だから店やってるけど決して生活が豊かになったなんて言えんね。

――もう日本に来て五〇年ぐらいになりますねえ。親に連れられて来ました。自分の故郷、国ですね、何千代、何百代の祖先から住んでいて、幼なじみもいて親もいて、私らのころは植民地やったから、そこで生活が苦しいから日本に来るということは、過去のもん全てを捨ててしまうことなんです。悲しいことです。日本に来ても生活が苦しいから一定の場所に住めないんで小学校も六回転校しましたよ。いつも身近なもんはさらわれてしまうのです。だから娘も遠方に嫁にやりたくないんです。ずっと身近にいてほしいんです。日本の方やったらそんなふうに思わないかも知れませんが、ここに、こうして住んでいても不安定な条件の上に住んでいるからなおさら感じるんでしょうね。（了）

☆おなら社原稿募集中！
☆あなたの感想・批判なんでも結構です。よろしくお願いします！
☆例会は毎水曜日ヨル7時よりおなら社でやってます。

編集中記

●テレビ映画「ルーツ」を見た。思わず涙する場面もあったけど、どうもスッキリしないんだなア。つまり作者アレックスヘイリー氏は「合州国」という国家をどこまで見すえているのか。

単に白人は差別者、黒人は被差別者、そしておきまりの少数の良心的白人という描き方のパターンの中で本質的なことが描ききれていたのか。疑問、疑向。

●聞くところによればアレックス氏の弟はCIAの役人とか。なんか気になる「ルーツ」であった。（順）

●ジャジャーン！ついにおなら社に会長が出現！我が社は今まで管理職として社長しかおいてなかったけど、ついに、ついに会長登場!!ピップモレキバン（社）

連載　ほんまのほんま
——近代日本と朝鮮——
その2.　——●清水彦也●

はじめに

朝鮮国に黒々と
　すみをぬりつつ　秋風を聞く

日本が朝鮮を植民地にしてしまった年の秋、石川啄木は心も重くこう歌った。しかし、当時の日本人の大多数は「日韓併合」といわれる出来事を、この詩人のように〝痛み〟として受けとることが出来なかった。

「朝鮮人にとっての日本人とは、十六世紀末、豊臣秀吉による文禄・慶長の役以来の、征韓論以来の、江華島事件以来の、日清戦争以来の、日韓併合条約以来の、土地収奪以来の、いわゆる三・一万才事件以来の、憲兵・警察以来の、朝鮮語禁止以来の、『皇国臣民の誓詞』以来の、それから朝鮮戦争と特需景気以来の、その他もろもろ以来の、その総合的統一体としての日本人なのですよ、これと関係のない別の日本人というのは、一つの抽象であって、つまり、あなたが何時どんなところで、どんな朝鮮人とむかいあおうとも、あなたは、あなたによって代表される『日本人』という存在以外の何者でもないのだというふうに自分を実感したことがありますか？」（小林勝・「蹄の割れたもの」より）

あまりに大きすぎる不条理を前にして、ペンをほおり投げたくなる。それは数千メートルの高さにそびえたつ岩山をたった一本の釘だけでくだこうとする時の徒労感に似ている。我々はこの岩をくだくダイナマイトを持ってはいない。が、しかし、雨だれも岩をうがつとか。我々だってこの岩をくだく雨だれの一滴くらいは落とせるかも知れない。

朝鮮通信使

さて、江戸時代の外交政策として鎖国がよく知られている。外国とは一切外交せず、わずかに長崎に「出島」を作ってオランダと中国、それも商人のみに限って交易を許したことなどは歴史の教科書で習うのだが、ほんまのほんまはそうではない。江戸幕府は外国とは一切、国交を断ったのではなかった。ただ一国だけ国交があった。そのただ一つの国とは朝鮮である。

今年の夏、生野区民センターでも上映された記録映画「朝鮮通信使」は、江戸時代、正式の外交使節として日本をおとずれた李朝朝鮮の外交官一行の記録である。一六〇七年から一八一一年までに十二回も日本に往来している。江戸幕府は朝鮮に対して高度の文明国として、礼節高き儒教の国として接した。

釜山を出発して、対馬についてから江戸へ到着するまで沿道の各藩は藩士に通信使の乗った輿(こし)をかつがせ多数の警護の武士をつけた。これら朝鮮の外交官たちは、いささか度が過ぎる程の歓迎を受けたという。沿道の人々はすずなりの人垣をつくって通信使一行の行列を見物した。

とくに、鎖国ということもあって、日本の知識人層の通信使に対する期待はすごく、あらそって通信使に面接を求め、自分の創った詩をみてくれとか、サインをしてくれという人があいつぎ、通信使はその応対に根をあげるくらいだった。

ところがどっこい、体制が江戸幕府から「明治」政府に変わったとたん、先達の国として接していた隣国朝鮮を一転して「征韓」の対象としてしまった。

一体全体、その原因は何だったのか？

以下は次回に！

＊通信使に関しては姜在彦さんの著「朝鮮の攘夷と開化」に多くを教えてもらいました。

『正徳朝鮮信使登城行列図』から

コラムコラコラ
山辺一郎 2.

——選挙コウヤクの効き目は如何に——

十月八日、「増税」「二七一議席」を合言葉に今回の選挙に臨んだ自民党、党幹部は皆冴えない顔。殊に大平氏は、入れこみのはげしい馬ならぬ牛よろしく走っていただけにショックの色は隠せない。

勝利宣言はしたものの、ダルマの目入れは延期、今だ目入れをしたと聞いていない。▼まあ、全閣僚が当選したのがせめてもの救いだろう。（金子蔵相さん、閣議も休み選挙運動によくがんばった甲斐がありましたなア。）▼選挙後の初閣議大平氏は「挙党一致」をまたぞろ説く。三木、中川両派以外の派閥は「大平氏の政治責任追求・退陣要求」を直接口に出さない。と、思いきや、今や全派閥からふくろだたき。そこが自民党の微妙な処。腹芸に縁遠い私達にはまったくわからないところ。▼ところで久々に「真面目」に選挙運動をなさった「一点のくもりもない」だんな衆松野先生もあえなく落選。ザマアー見ろってんだ。しかし選挙期間中、テレビのニュース番組の中で、子供をおぶったまだ若い主婦が涙を流してこういった。「もらった、お金、自分一人のためだけに使うはずありません！」だと。賄賂を受けとったことを承知の上で「涙を流す」そのオバはんの姿、いやはや日本の夜明けは遠いで、杉作。▼ところがまたどっこいドデスカデン。サトーだのタナカだのニカイドーだのという奴はベロンと当選しておる。「正義」だの「ワンツーパンチ」ではどうしようもないんだな。「公明正大」、「前門の虎、後門の狼」じゃ全くのところ歯がたたねえ。▼（チョッと硬派できめるぜ。）国民の意志で動いて行くのが政治であり、制度であるはずだろう、本来。自由民主党と「民主主義を建て前にしているのなら、それに近づけようとする姿こそ妥当な姿。金の力で動きだせばもうそれではない。その向こうに限りなく黒に近い真ッ黒。—何が見える……。（顕微鏡がいるぜ！）▼善後策協議に「実力者会談」開催。つまり派閥のボスが集まって取り引きする会談。派閥を解消しようとぶち上げていたのはどこの国のエライさんやったんかな？日本の政治の前近代性にはアキアキする。ヘドが出るよ。▼が、しかし私達はスンナリそれに乗ってしもたらあかんで。常に皿を目にして、イヤ、目を皿にして歴史の行くえを見定めねばならんと思うよ。それが現代を生きる私たちの任務じゃないか！（ちょっとカッコつけすぎやな、十年早いかな。）この考え、オレッちの気負いかな。（やっぱ、二〇年ぐらい早いなァ。）ウン。▼とにかく来年には参院選がひかえている。「シラケてるんだ」なんてエカッコするはヤンピ。そこからだ始まりは。

注　山辺一郎君は「おなら社」新入社員です！

おなら

猪飼野地域新聞

発行　おなら社

東成区大今里南二丁目20-12

カンパ20エン　郵便振替・大阪53181

十九発目

大池橋の交さ点

あんた、大池橋の交さ点って知ってる？ほら、あんまりはいらない大池パチンコや三和銀行のある所さ。あたしはその角の「琥珀」っていう喫茶店が好きで、今でもよくコーヒーを飲みに行く。そこにかかってる橋が大池橋って言うのよ。

大池橋の交さ点は大きな道路が東西南北に走ってて、車がひっきりなしに通ってる。あたしはこの町で育ったからよく知ってるけどおせじにもきれいな所じゃない。ここらへんはところせましと家が建ってるから、あんまり緑もないし、まっくろな平野運河はちょっと大雨がふればあふれそうになる。家はボロボロだし、すんでる人間もすぐ大声でどなる朝鮮民族が大手をふって歩いてる町さ。

あたしはこんなきたない町をいいと思ったことがない。はやいとこ、ここからぬけ出して海のみえる上品な町に行って住むのが夢なんだ。だからさ、あんまりお金もないけど、いい所へお嫁にいけるよう、お茶やお華や料理だって習いにいってる。

だけどあの日の夕日はとってもきれいだったんだ。まだお日さまが赤くなる前で、まるで生まれたての赤ん坊のように金色に輝いてた。

その日はとっても暑かったけど、昼すぎには暑さも少しやわらいですごしやすい一日だったな。いつものように今里から自転車にのってきて、いつものように大池橋の交さ点を渡ろうとした時さ、フワッと風がそよいでね、なにげなく右を向いたら金色の太陽があったんだ。一瞬、自転車ごと自分の体も息もとまった感じがしたよ。そしてまわりのうるさい車の音も排気ガスも人も消えてしまって、あたしのまわりはボーとした金色の光で包まれたような気がした。

それからフーと息をつくと、せわしい車や人の姿がみえて、排気ガスのにおいが鼻をついてたんだけど、いつもの見なれた大池橋のそんな風景が、金色に輝いてとても生き生きして見えた。ああ、せわしく行きかうこの人達は、きょうも一生懸命働いたんだろうなって、そう思えたんだ。しばらくの間、あたしはそこから動かなかった。

そのうち その太陽はだんだん赤くなって、西の空にポッカリういたんだ。ほんとにきれいな夕日だったよ。そのまわりには青い海も空も、白い砂浜も家もなかったけど、あたしはその夕日をとてもステキに感じたんだ。

そのうちあたしはこの町がすきなんだとわかったよ。ひっきりなしの車もゴチャゴチャした町並みも口うるさいハラボジ（おじいさん）、ハルモニ（おばあさん）も。

そう、誰にでもある話だろ、だって、あたしは、この町で生まれて育ったんだもの。

猪飼野の詩 その13

文・金海雨

☆今回寄稿して下さった筆者の金海雨さんは猪飼野に住み、猪飼野で働く女性です。

あなたのオナラ，わたしのオナラ，みんなのオナラ！

えいが えいが

「手を握り合える日よ再び」というドキュメンタリー映画を観た。康宗憲（カンジョンホン）君という在日韓国人二世が、今韓国の獄中にある。「死刑」を宣告されている。ここでは多くを語るまい。ただ、彼が北海道に旅行していた期間をさして「北」へ行き、スパイの訓練を受けた、などとデッチあげた「裁判」があったこと、彼が母国の無医村で働きたいと思い、ソウル大学の医学部に進学したことだけをあげておこう。

この映画は主人公がとらわれている間に作られた特別なドキュメンタリー映画である。

鮮明に浮かびあがる一人の青年像。ここでは問題だけでなく、行動をも提起している。手さぐりの中に明日が。（K）

征韓論

今年の六月、東京サミットなるものが開かれた。アメリカ・イギリス・フランス・西ドイツ・イタリア・カナダといった国々に混って、アジアからただ一国、日本がサミット（頂上）に名を連らねたのを、優越感をもってながめた日本人が多かったのではなかろうか。　一日も早く幹部にのしあがりたいチンピラやくざよろしく、欧米列強の猿マネばかりして、「明治」維新以来今日に至るまで、一貫して、同じアジアの仲間を軍靴で踏みにじりながら、札束で横ッラをたたきながら到達した、わが日本の「晴れ姿」であった。

さて、この「アジアの侵略者としての近代日本」の方向を決定づけたのが、「明治」維新とほとんど同時に唱えられだした征韓論であった。幕末から維新のころ、欧米列強の極東への侵略に対し、アジアの諸国は民族の自立をかけて、かかんに闘っていた。（インドネシアのアチェ族の反乱・フィリピンのカヴィテ州農民反乱・インドのセポイの乱・中国の太平天国の乱・朝鮮のシャーマン号事件等々）　しかし、日本は、欧米列強に追随し、自らも侵略者となることで、この危機をかわそうとしたのである。そして目をつけたのが、あろうことか、有史以来、常に文明の先達であり、一番近い隣国である朝鮮であった。

野球の解説に「たら」はない、と言われるが、日本シリーズ最終戦、9回裏近鉄ノーダン満塁、あの時ああしてたら、こうしてたら、と近鉄ファンならずともついつい思ってしまう。もっとせんないことかも知れないが、維新後、日本が征韓論などとらず、日本の真の自立に向って、同じように民族の自立をかけて闘っていたアジアの諸国と手をたずさえて進む方向をとっていたら・・・と思う。この『征韓論』こそは、百万言費しても言い切れぬ悔いを千載に残した、日本民族の犯した決定的誤ちであったのだ。

連載　ほんまのほんま
——近代日本と朝鮮——　その3

清水達也

さて、この征韓論、西郷隆盛らが征韓派で※大久保利通・木戸孝允・伊藤博文らが征韓に反対であったが、後に偶然!?起った江華島事件が朝鮮進出!?の糸口となったように私達は学校で習う。勤め先で机を並べて仕事をしているおばちゃんの息子さん（高校生）の日本史の教科書をみせてもらったが、やっぱりそのように書いてあった。ウソっぱちである。木戸孝允なぞは西郷の言いだす三年も前に征韓論をぶちあげている。大久保も木戸も伊藤もみんな征韓派だったのである。ただ、チャンスを待ってタイムリーにやれと言ったにすぎない。先日の、大平と福田の、ボス猿の座をめぐってのケンカと全く同じことを大久保派と西郷派がやってたわけだが、ずるがしこい大久保派は、西郷派を追い落とすための方便として、その時点で反対にまわっただけなのである。それが証拠に、西郷がこの政争に敗けて下野するとすぐ、大久保政権は江華島事件を引き起こしている。

それでは、ほんまのほんまの江華島事件とは？　（以下次号！）

※　西郷の征韓論には、血も涙もない大久保、木戸、伊藤らと違って「お互いが腹をわって話しあえば、わかりあえるかも知れない、それでダメなら」といった人間くさいところがあった気がしてならないのだが・・・

アア！坂本竜馬が生きてたら

コラムコラコラ

今月のコラムニストは会長（怪鳥）・K氏

山口百恵が、「私の好きなのは友和さん！」と観客の前で言いきった。百恵・友和が役の上だけでなく息が合っているというウワサは前々からあったが、こうもすっきりと宣言されるとさわやかなものである。現に友和がDJをやっている番組にも、このコンビなら許せるという激励のはがきがドッときたという。▼時は秋、結婚シーズン真中である。ファンの関心が二人の結婚に集中するのも当然であろう。記者会見の席上、友和クンの答えは「結婚という方向に進むには、まだまだ大きな問題が残っています。・・・そのことをちゃんとしてからで・・・まだ公表できる問題ではありません」というものだった。この種のインタビューでいつも返ってくるセリフで別段とりたてて言うこともない。先づ、誰よりも二人をかかえているプロダクションとレコード会社には本当に大きな問題なのである。百恵の所属するホリプロからは「社長の意向だと、三年か四年後に結婚させるというんですが・・・」となってくるわけである。　▼ところで、二人の幸せの愛の詩をマスコミの報道によって知った一人の老人がいる。「えっ、知りませんでした。そうですか、三浦クンという人はテレビでしか見たことはありませんが・・・」「娘には幸せになってもらいたいと思います。」　「結婚式ですか、いや行きません。招待されてもね。されないでしょうがね。」と語るのは、百恵の実父、久保さんである。　▼どの家庭にもそれぞれ事情があり、他人には立ち入ってはならないこともある。だが、この場合はもうひとつ気にかかるウワサがある。久保さんが韓国人だというのだ。だから山口百恵の人気にキズがつくといけないので、プロダクション側は久保さんのことをかくしておこうとしている、というのである。　▼では、本当にそうなのだろうか。ちょっと待ってほしい。ここで聞きたいのは彼女が韓国人であれば、人気にキズがつき、レコードの売れゆきが、ガタ落ちするのであろうかということである。日本的美人というセールスポイントで売り出した彼女に、ひとたび朝鮮人の血が流れているということになれば、もうファンには魅力がなくなってしまうのだろうか、ということだ。これはファンがどのレベルにいるのか、という問いでもある。▼デビュー以来、彼女は歌手として、女優として、もらった役をこなしながら、自分自身を育ててきた。百恵ちゃんは言う、「まず、女です。」・・・彼女に、『理想の日本女性』を見てきたのは、友和クンだけではなかった。　▼多くのファンの前での恋愛宣言と、ひっそりと老人ホームにいる父との間には大きな落差が感じられる。　▼二人のいい日への旅立ちは、今、はじまったばかりだ。今後を注目したい。（K）

急募!! 正社員・年令・性別不問　給ナシ・ボーナス・ナシ・**おなら社**

♡おなら社は毎週水曜日、夜七時より、例会を行っています。是非、お立寄ください。

♡ご批判、感想、その他なんでもいいです、お便りをお寄せ下さい。

♡地獄のサタも次第！カンパを！

おなら

猪飼野地域新聞

発行 おなら社

東成区大今里南二丁目20-12

十九発目

カンパ 20エン

新年号

賀正

新しい年を向かえ、多くの方から年賀状・カンパがよせられました。本当にありがとうございます。これからもよろしくおねがいします。

おなら社一同

'80年に向ってGo!
どこやどこや
「おなら」のみなさん'80年あけましておめでとう
元旦

これは読者からよせられた年賀状です。全部のせられないのがザンネン。

江華島事件

去年来日して、新幹線に乗り、トヨタや新日鉄の工場を見た、中国の副首相・鄧小平は「これが近代化だ。」となったそうだが、維新直後、ヨーロッパやアメリカを見学して来た明治政府首脳の思いも同じだったろう。

「これが帝国主義だ！日本も一日も早くこんな帝国にならにゃ。」とはやる気持ちで帰国したに違いない。かといって昨日や今日野球を始めた草野球チームが、いっきょに大リーガーの仲間入りができる筈もない。とりあえず手近なところで、とあたりをみれば・・・。あった！あった！すぐ隣りの朝鮮はまだ鎖国をしている。ちょうど少し前の、江戸時代の日本そっくりである。「これや！」と手をたたいたかどうかは知らないが、ペリーの黒船に「たった四杯で夜も寝れず」という気持ちを味わされた日本であった。こんどは、わしらがペリーの気分になるんや！こうして、軍艦・雲揚号による朝鮮沿岸への軍事挑発が始まる。

そうして、まんまと江華島事件を引き起こすことに成功したのが一八七五年（明治八年）の九月のことであった。さっそく十二月には、時の外務大臣・寺島はアメリカ公使・ビンガムを訪ねた。

「ビンガムはん、わてらも、あんさんとこの様な大リーガーになりとうおます。ええ具合に、隣りの朝鮮は、ペリーはんが来はった頃のわてらとそっくりでおます。それに、今度うまい具合いにわてらのしかけたワナにはまってくれよりました。ついては、ペリーはんの大リーガーのテクニックを真似さしてもらお思いまして」

「オー、ミスター・テラシマ、それベリー・グッドね。大リーガーの真似するイイことネ。この本で勉強するヨロシイネ」

と、ビンガムは、トラの巻として「ペリーの日本遠征小史」という本を寺島にプレゼントしている。

こうして、翌年の二月には、ペリーの来航をそっくりそのまま真似て、全権黒田清隆を筆頭とする一行が、軍艦六隻をひきつれて、仁川（インチョン）へおしかけ、トラの巻どおりのおどし方で朝鮮をおどし、これまた江戸末期にイギリスにおどされつつ結んだ、俗に言う「安政の不平等条約」とそっくりそのままの条約を朝鮮とのあいだに結んだ。

× × × × ×

ほんまのほんま
—近代日本と朝鮮— 江華島事件

清水 達也

江華島（カンファド）

江華島（カンファド）は、主都ソウルに近い漢江（ハンガン）の河口にある島である。日本でいえば、東京湾の隅田川の河口にある主都防備のための要塞島のようなものである。鎖国状態にある国のそんなところへ軍艦で近づくなんていう話はどこへだしても通じるものではない。しかも、江華島砲台の大砲は旧式、雲揚号はイギリス製の近代砲艦。江華砲台の大砲のタマは、雲揚号まで届かなかったのに、雲揚号はバカスカ江華島を砲撃した。雲揚号に被害はなく、朝鮮側は三十五名の死者を出した。

× × × ×

この江華島事件は、日本の朝鮮侵略の出発点となった事件として有名であるが、日本の教科書では、「朝鮮の江華島沖で日本の軍艦が砲撃される事件が起った」（『詳説日本史』山川出版・高校教科書）などとあたかも日本が被害者の如くに書いている。事実は、内容一致のもとに、周到な挑発計画を練り、その計画にのっとって、一八七五年五月から雲揚号は釜山（プサン）強硬入港、沿岸挑発を数ヶ月にわたって繰り返しついに、江華島に近づいたのだった。

つづく

へんしゅう中記

芽キャベツ

こよみというのは、よくできていて六日の寒の入りから、ぴりっと身をひきしめるような寒さがおとずれました。一月のことを睦月（ムツキ）ともいいますが、これは睦まじく親しみあうという祝いのことばから。一九八〇年おなら社は今年もひっかかりもっかかり歩いていこうと思っています。

猪飼野の詩 14

学林図書をたずねて

写真 清水達也
文 伊藤順

平野川を東に渡って、通称〝朝鮮市場〟御幸森の商店街を行くと一条通りと交叉する。そこを南に折れてゆけば御幸森小学校があり、その頁度真向いにたいせい書店という本屋さんがある。最近、その本屋の二階に見慣れない名前の本屋(?)が出来たなあと思っていた。ところが友人に聞けば、そこは本屋ではなく無料貸し出しの図書室だというのだ。

ぼくがそこへ行った時、受付になかなかハンサムな男性がひとり座っていて「やっと人が来た!!」といわんばかりの喜びをグッと胸の内に隠して「やあーいらっしゃい」とクールな目であいさつしてくれた。グルーと見回わすとあるわあるわ朝鮮関係の本が。受付氏の視線を気にしながら一回、まわって見て彼に言った。

「この本貸して下さい。」

そんなことからぼくは二、三度本を貸りに行くようになった訳だが、そのうちなんでこんな金もうからんような、しかもそれに反して金のかかる図書室などをやっているのか、だんだん気になってなってきた。いや、気になってきたというより興味がわいてきたといった方がいいのだろう。ある日、ついにぼくはくだんの受付氏に話をしてみようと意を決意した。〜なんていうと大げさやけど…。

一見すると気むずかしそうな彼、在日二世A君を鶴橋のタバン(茶店)に誘い出すことに成功した。ジワジワと聞きだしてみた。

「学林図書室を始めた動機といえば、まず第一に、一般の本屋さんにはあんまり系統的、体系的に朝鮮関係の本を置いていないでしょ。そやから勉強しようと思ってる人のために資料提供ということです。それと、いろいろな朝鮮関係の本を日本人、朝鮮人を向わず地域の人々に知ってほしいということ。また、在日同胞はあんまり本を読まないんですネ。もちろん読めないという現実もあるんやけど、だから猪飼野の同胞にもっともっと本を読んでもらいたいというのがほんとうのところです。」

一見すると気むずかしいと書いたけれども話し始めると彼はすごく人なっこい笑顔をチラリと見せる。

「昨年の七月頃に開室したんやけど、本をそろえるためにだいぶお金を使ったからあんまり宣伝も出来ず、知人から知人へと口コミの形で伝わっている具合ですね、今のところは。現在までだいたい八十人ぐらいの人が貸し出しカードに登録してくれてますが、まだまだ少ないですネ。だいたい一日に五〜六人ぐらいの人が来る程度で、まして地域の人がたくさん貸りにくるというところまでまだいってません。これからの問題ですわ。」

「これから先のプランですか?そうやね、現在五千冊程、本があるんですけど何万冊と増やしていきたいですね。ですから皆さんの協力を呼びかけたいんです。それとこういった朝鮮関係資料室というのは他に二、三あるんですが、それらはどちらかというと大学の先生とか知識人が多く利用している感じでね。この学林図書室はそういった知識人的な場というよりも、もっと地域の人が参加し、共に運営できるような、そんなもんにしていきたいんです。そやから、この部屋をサークルとかグループに開放したり、または、朝鮮語の学習会や読書会といったものをこれからやっていこうと思っているんです。手伝ってくれる人がいたらぜひお願いしたいですね。」

猪飼野じゃないところに猪飼野図書室があったりする昨今。まさしく学林図書こそ猪飼野図書資料室と言えるだろう。ことは場所や名前の問題ではない。中身において庶民性のある、あの猪飼野のイメージを学林図書室は獲得していってほしいと思う。

ともあれ、朝鮮人のあいだのみならず日本人を含めたつながりの場として猪飼野の中の貴重な存在になってほしいと思った。

さて、コーヒー代ぼくが払おう。

北
一条通り
御幸森通り
たいせい書店
2F学林図書
御幸森小学校

使用時間
月及び第3日曜日休室
火―土 午前10―午後7時
日 正午12―午後8時

あなたのオナラ,わたしのオナラ,みんなのオナラ!

編集後記

さあ、一九八〇年だ!! 何冊かの星うらないの本を広げさて―今年は何がおこるかな―と占っているこのごろです。南州雅代

カンパは郵便振替 大阪53181

おなら

猪飼野地域新聞

発行 おなら社
東成区大今里南二丁目20-12
☎06 974-5746

二〇発目

カンパ20円
郵便振替大阪53181

猪飼野の詩 15.

チマチョゴリに魅せられて

〈文〉芽キャベツ
〈写真〉 KAICHŌ

チマ・チョゴリ、この美しい民族服のことについて朝鮮市場でチョゴリの商売をやっておられるKさんをたずねた。

『そうですね。店を開いたキッカケはいろいろあるんですけど、小さい時から民族教育を受けたので、朝鮮のチマチョゴリにかけては、ある程度、興味を持っていたし、お店を開こうと思えば、同胞が一番多い所でしたくてね、丁度タイミングよくここに店を借りることが出来て内職程度に始めたんですよ。』

店に並べられた色鮮やかな『民族のキレ』は全て日本で作られているという。民族独特な絹から出来たヤンダン地、そしてレース地など、模様の斬新さにひかれてゆく。

『チマ・チョゴリは、上の衣服（チョゴリ）が短かくて、バストの下からスカート（チマ）でしょう。だからコンパスが長く見える訳です。東洋人の体型をカバーして、より美しいシルエットを出すために科学的につくられてるなあて思いますね。妊産婦の方もそうだし、多少おなかが大きくてもカバーできるしね。また活動的なチョゴリの場合は、短いスカートで、これだと動くことも出来ますしね。

それにチョニョウ（少女）達は、真白なポソン（くつ下）をはいてスカートは短かく、髪を三つ編みにし、長く伸ばしてね。それが少女達のスタイルで、とても魅力を感じました。朝鮮の民族衣装も過去から先祖が守った美しい着こなし、そして風習を、私なんかよくわからないけれど、若い二世が引き継ぎ、守ることが、なんか朝鮮女性の誇らしいものだと考えています。私は娘にもいいものは引き継いで欲しいなって、そして、いいものを取り出せるようなね、そこまでなって欲しいと思うんですよ。』

『お母さんがよく言ってたんですけど、終戦後と思うんですが、すごく朝鮮人が弾圧されたその時期に、すごくキレイなチョゴリで歩いてたんですって。そしたら、それを日本の人がインクでなぐったらしいですワ。インクでしょう、とれなくてね。すごく、くやしかったって…。』

＊　＊　＊

一九四五年、日本の敗戦後、解放された在日朝鮮人は、今まで奪われてきた民族性を取り戻すべく民族学校の開設を急いだ。が、一九四九年、「義務教育段階での在日朝鮮人児童、生徒は、基本的に日本の教育を受けよ。」という達しのもと、民族学校は一斉に暴力的に閉鎖されていった。

＊　＊　＊

『家が民族学校の真隣りだったので、小さい頃から民族の踊りとか唄とか見たり聞いたりしながら育ったでしょう。なんと朝鮮の踊りって素適なんだろう、私も絶対踊り娘になりたいと思っていました。丁度、小学校一年に入らなあかんとき学校が閉鎖されて、警察とか機動隊みたいな人がバーッと学校にのりこんできて、三年生だった私の姉もみんな車に乗せられて、警察に連れていかれたんです。学校の先生らも本とかを隠そうとすると、それもとって燃やしてしまったんですよ。

私の家は隣りだったからゴザなんか持っていかれて、警察の人がそれを運動場に敷いて座りこんでいる光景。その時のくやしさ普通じゃあないですよ。だから、さあ、日本の学校へ行きなさいといわれても私は行きたくなかったし、行かなかったし、おかげで一、二年ぐらい学校へ行くのが遅れたんですよ。

そうこうするうちに、また朝鮮の子供達が一人、二人と集まって、勉強を始めるようになったんです。

今まで全然考えなかったんですけど、こうやって話していると、チョゴリの商売も偶然したいとか、そんなんじゃあなくて、小さい時から何かを学びとってきたことがあるからなんだろうと思うんですよ。』（了）

先日、おなら読者のおじいちゃんが我が「おなら」の名前の由来(?)を話してくれた。おじいちゃんの解釈によると「おなら」は「於那羅」であるという。那羅というのは韓国語で「国」という意味であり、奈良の都も朝鮮からの渡来人がつけたといわれる。このことは「奈良市史」に記されているという。で、在日朝鮮人の問題を日本人の問題として考えてゆこうとしている「おなら」は、その「那羅において」という解釈が正統であるというのだ。

これには社員一同、恐縮のいたり。おじいちゃんでも、こういう楽しい話は大歓迎。また話してくださいネ。（JUN）

3月1日ヨリ 九七四-五七四六
ついにおなら社に電話がついたのら！ かけてかけて

コラム　コラム　コラム　山辺一郎

▼アフガニスタンへのソ連軍の侵攻は、世界にショックを与えた。日本も例外ではない。米ソの緊張緩和（デタント）は終わり、再び戦争状態の始まりかと誰もが驚いた。「わあ、戦争や、今度はほんまもんの戦争や、北海道は危ないで、今のうちに数の子、高うても食べとこ」と私の祖母は言った。▼しかし、ソ連も、超エリート集団、私や祖母のように思いつきで、高い数の子を買いあさりはしない。ソ連がいかに「大国主義的」な「野望」や「傲慢さ」を持っていたり、「力の政策」にたよっていたとしても、世界中の非難を浴びるのは解っていたはず。「数の子買い占め」でひどい目にあった三菱商事でさえも国民の非難を始めから覚悟していたように――。▼「それぐらいの事は痛くもかゆくもないわ、アフガンにはもっとええ事があるんじゃ、ワッハッハッ――」と、祝い酒のウォッカの臭いのする息をかけられそうだ。▽そこでウォッカを飲みながら考えていたら、解らない事がでてきた。アメリカさんや他の大国の態度だ。今まで、「アジアの平和」とか「中東の平和」とか叫んで世界中でソ連さんよりもっと厚かましく――「ソ連アフガン友好善隣条約たらに基いて」なんて言いわけもせず――他の国を干渉、侵略して来たのに、手の平を返したようにソ連に「オリンピックにも出たらへんし、品物なんも売ったらへんど」と叫びだした。祖母は言った、「うちやったら、恥ずかしいてよう言わんわ、まず買い占めた『数の子』めいわくかけた近所に分けてから言いたい事言わしてもらうわ。」そこで私が言った、「『数の子』の話しと違うねん。もっと大きなわけのわからん話しやねん。」そうしたら祖母が、「ほんだら、大きいクジラの卵食べよか」、私が答えて「アホやな、アメリカさんは、クジラにはものすごう優しいねんで、そんな事したらアメリカ産の『数の子』売ってもらえへんで。」、祖母「ほんだら、リムパックはクジラを守る演習かいな。」と納得。私はホ乳動物に卵があったかいなと酔っぱらった頭で考えていたが、ダウンした。▼ダウンした頭の中で回り燈籠が回る。アフガン、自衛隊元幹部スパイ事件、機密保護法制定の声、北海道公安調査局課長自殺事件、米のブラウン国防長官の日本の軍備増強要求に呼応した防衛庁の防衛費増額五ヶ年計画、関経連日向会長の徴兵制導入発言、ガッガッガッ聞こえてくる軍靴の音「オリンピック、アメリカさんも出えへんねんやったら、日本も出まへん」と大平首相。――――。アメリカさんに右へならえ、酔った頭に日本の出来事が右まわりに回っている。これは夢か、はたまた現実か。つねってみよう「ああ、痛い、これは『数の子』どころではないなあ。」

（完）

ハア ハア 友好も ラクじゃない

声

いつも『おなら』を楽しみにしています。歴史やコラムや猪飼野の詩、新鮮さがあり、解放されたふんいきを感じます。

同時にいいかげんな人間を許さないきびしさをひしひしと感じます。また、次号を待ってます。わずかですがカンパを送ります。（京都・N・Oさん）

へんしゅうこうき

▼在日朝鮮人問題研究会の山本さん、いつも[illegible]のお知らせ送っていただいてありがとう。3月は行くつもりです。（J）

▼ミニコミ「りゅう[illegible]んびご」いつもありがとう。「おなら」にも記事を送って下さい。（G）

▼神戸の金さん、『[illegible]日朝鮮人の帰化』ありがとう。どこでおなら社を知ったのでしょう？（J）

▼神奈川大学自主講座朝鮮論の方、パンフ資料送ってくれてありがとう。そちらもがんばって下さいネ。（J）

▼おなら社に遊びに来てくれたイラストレーターがへんしゅうの様子をマンガにしてくれました。なに、ほんまはもっとズッコケてるって？（K）

▼関西韓国YMCA祭をみてきた。熱気があふれていた。これからあるイベントを教えて下さい。紹介してゆきます。（社）

おならやじ馬レポート　えとぶん・おかくみこ

あんたらなにやっとん？

編集会議

なんやかんや

帝国主義か

会議中

猛語録

つくろかな

思てますねん

この「おなら」の。

取材予想図（あくまでも）

腰をすえて

かくことはありすぎるし

……いかに削られずに

紙面にだすかや

知性と教養……

キョーフの言たたき

こんなんあかん！

なんとかできた原稿

印刷や

おなら20号

戸別配布2000枚

むずかしてよめへん！わかれへん！というたけど、なかなかオモタイ機関紙やと思います

広がれ、おなら！

おなら

猪飼野地域新聞

発行　おなら社

東成区大今里南二丁目20-12

二十一発目

カンパ20エン

郵便振替・大阪53181

電話 大阪06-974-5746

猪飼野(いかいの)の詩(うた) 16.

文・投稿P.Cさん([illegible])　写真・清水達也

あくまでひよわな私の愚痴であり、理屈でありますが…。

私には「あこがれの君」がおりまして、その彼と、先日、居酒屋で雑談する機会を持ちました。年上の人で、美男子で、優しくて、頭もきれて、なんていう人だから、私はもう、「輝きの君」という名前を勝手につけてたりなんかして。

その愛する人が、ある事をしゃべった際でした。私は突拍子もなく、コッケイな程うわずった声で「そんなん！所詮日本人の言い分やわ！」と、大声をたててしまったのです。

「君、それはちがうよ。朝鮮人であろうが、なにじんであろうが、かんけいないことだよ。」

その人からも、まわりの日本人からも、さも私はひねくれの、いじけ虫かのように、しかられました。好きな人のそばではおとなしいカワイコチャンでいたかったのに、変な声を出しちゃって、急に悲しくなったり、自分がイヤになったりで、つらかったです。　でも、どうしても黙って聞いているわけにはいかなかったのです。心の中にうっ積していた何かが限界に来ていて、そいつが私の気持に逆らって、つい唇を動かせてしまったようでした。

いったい、彼は何を言ったのか。

「僕は学生時代、いつもハングリーで、何かを求めていた。しかし近頃やっと思うようになったんだけれど、人間は老朽の時代にいかに美しくあるかが大切だと思うよ。若いうちから計画をたてて、老後を安定したものにしていかなければならないと思う。老人になったときその人はどれだけ美しいか、それが人生にとって大切なことだと思う。」

私はそれを耳にした時、心の中で反射的にこう思った。

『「あたりまえでしょう。だれでもそんな事は考えているし、願う。だけど、外的状況として計画性を持って生きていくことが不可能な、不安定な状態におかれている人間にとって、その言葉はむごい。自己の能力ではおよぶことのできない、限界というものがあるのではないかしら。猪飼野の家内工業に朝昼夜とあけくれる人に「明日」が見えるのかしら？ 本当に、「計画」を立て、安定した生活を確立させていけるのかしら？ 過酷な労働条件は、どうしても超えることのできない日本の差別構造で、それはまるで巨大なコウモリのように、人々の上に黒々とおおいかぶさっているのではないかしら？「老後」を考える余地を与えられず、まるで前途をふさがれたような人々にとって、さもありげな言い分は、はがゆいくらい憎々しいのではないかしら？ 日本人社会にガッチリ守られた日本人(にっぽんじん)が言う所の理屈で、ちゃちな道徳やわ！』

そんな反発を強く感じたので、つい、口に出た、

「しょせん、そんなん、日本人の言い分やわ！」

たらたらと私の気持を説明する能力もなく、私自身まちがっているような気がしたので、批判のうずの中で話を途中でごまかしました。

「まあいいじゃあないですか。でも近頃、桜田淳子ちゃんどうしたんかしら。テレビにでてこないから、さみしいわぁ！」なぁんちゃっておばさん、で終った。

そこで、木枯しがふきつけられたように、心の中は寒々として、ガヤガヤとにぎやかな居酒屋の中で、一人私はものすごい孤独におそわれていきました。

編集後記だァ〜〜

▼「若いうちから計画をたてて安定した老後を↓それが美しい生きかた」どう言んだろうねェ、私なぞもうすぐ四十才に手が届くけど、月給手取り十万ちょっと。でも、誰よりも〃美しく〃生き、〃美しく〃死にたいと思ってる。たとえボロをまとって、道ばたで凍死しようとも…。（しゃちょう）

▼記事の内容、見出しやイラストについて、なんでも結構ですから、手きびしい御意見・御批判を、首を長くしてお待ちしてます。御一報下さい。

ほんまにほんま その5

近代日本と朝鮮

清水達也

金もうけにむらがる日本商人

軍艦と兵隊の圧力によって不平等条約(江華島条約)を結び、ムリヤリ朝鮮を開国させるやいなや、日本の商人達がドッと開港地(釜山・元山・仁川)へ押し寄せた。

ところは元山。時は江華島条約締結(一八七五年)後間もないころ。二人の人物に登場してもらおう。一人は元山駐在の日本政府役人。あと一人は、元山に多かったという大阪商人のひとり。

役人＝おぬしらのやり方、最近目にあまるぞ。火にかけたらすぐ割れる鍋や釜、一回使こうたらすぐ切れんようになるハサミやホウチョウなぞ、日本じゃ、とてもじゃないが店に並べておけんようなシロモノを売りつけとるそうじゃないか。それにタバコには雑草をまぜとるというじゃないか。

商人＝エッへッへ……。お叱りはごもっともだすが、わてらかて、はるばる海を越えて朝鮮くんだりまで来て商売やらせてもろてるかりゃにゃ、それ相応に儲けさせてもらいまへんとなあ。

役人＝まあ、その気持はわからんでもない。それに日本人は誰も損はせんのじゃから少々のことには目をつむるとしてもじゃ、一ダース入りといって八個しか入ってなかったり、百もんめといって八十もんめしかなかったりではな。最近、この種の苦情が公使館へ殺到して、ほとほと手を焼いておる。

商人＝エライ、どうもすんまへん。お役人はんと軍人はんが守ってくれはりますよってに、わてらもこんな商売ができとります。エッへへ……、ま、これはほんのおわびのしるしに……(と、袖の下を役人にわたす)

役人＝ウォッホン。よっしゃ、よっしゃ、ま、ほどほどにやれよ。

と、言ったかどうかしらないが、役人も手を焼くほどのあくどい商売だったことが記録に残っている。＊　＊　お話かわって、今度は東京は赤坂あたりの料亭。登場するは、政府のおエラ方と大資本家。

おエラ方＝お前らも承知のとおり、西南の役では、百姓あがりの軍隊が一騎当千といわれたサツマハヤト相手に見事に勝った。

資本家＝ええ、〱、私らも正直言って百姓の多い政府軍があれだけやれるとは思いませせなんだ。

おエラ方＝ウム、百姓のせがれでも、近代式に訓練し、鉄砲を持たせれば、侍より強いことがわかっただけでも西南の役は無駄ではなかった。それに、つい最近、秩父の百姓どもが祖税が高いといって騒動を起しよった。大きな声では言えんが、五千からの憲兵隊が百姓どもに負けたこともあっての。一時はどうなることかと思ったが、なんとか鎮圧できた。

資本家＝やっぱり、最後は軍隊ですな。

おエラ方＝そのためには百姓のせがれをどんどん徴兵せにゃならん……

資本家＝皆までおっしゃいますな。そうなると米の作り手が不足して米が足りなくなる。その足りなくなった米を、こんどの条約を利用して、どんどん朝鮮から買い入れよとのおおせですな。

おエラ方＝さすが商人、さっしが早い。その通りじゃ。それと、もうひとつ大事なことがある。そのために大蔵省はお前たちに莫大な援助を決めたんじゃが、朝鮮の金をどんどん日本に入れてほしい。

資本家＝おっしゃるまでもありません。西欧列強の仲間入りをするためには、何よりも金が必要なことは私どももよく承知しております。政府の御希望どおり、じゃんじゃん朝鮮の金を日本に買い入れますから、まかせておいて下さい。

朝鮮からの金の買収の任にあたったのは、大蔵省から多額の援助をうけた第一銀行(いまの第一勧銀)であった。当時、日本が外国から輸入した金のうちのほとんどが、不平等条約を十二分に利用して輸入した朝鮮の格安の金であり、この金によって、日本は近代資本主義国となることができた。

朝鮮は急激な米と金の流出により経済は混乱し、開国後はじめての大規模な反日暴動＝壬午軍乱が起る。以下次号!

前号までのあらすじ

江戸時代は朝鮮通信使の往来など、文明の先達として、一番近い隣国として接していた朝鮮。それが現代日本になを深く根を張る民族差別を生んでいったのは何故か? 日本の教科書には何故か触れられていない、そのルーツをたどってみると……。明治維新直後すぐ起った、いわゆる「征韓論」。一日も早く西欧列強に近づこうと、手近な!? 朝鮮を侵略することを思い立つ。ペリーの浦賀来航をそっくり真似して、内閣一致の周到な計画のもと、挑発をくり返し、ついに江華島事件を引き起すことに成功し、不平等条約を結ばさせることにも成功した。

わじ馬レポート

もいちど

えとぶん おか くみこ

「ネコをひろって「めいわく」ということをかんがえたのです

会社の帰り つい出来心で なんとなく子猫をひろってしまった

チビ猫は(メスで)もらいてもなく三週間めいわくをもたらした

ないとうる

というのは 一、手の甲のひっかききズ。一、(私がかぜをうつしたらしく)ゲリウンコにシッコにゲロで部屋をよごした。一、近所にきこえたなき声。こんなもの

私はネコをずいぶんめいわくに感じたけれどもそれは人間の側の心理

ネコはただ生きてるだけで、私などネコよりウンコも大きいし食べるものも多いマンガも読むし給料もとる

なんで生まれてきたの!

ニャー ニャー

そーいうあんたはなんやねん

とかいってるうちになんとかもらいてもついて

リベルテ フリーダム 自由じゃ

区役所へのびのびになっていた健康保険の手続に行った

年金課

健康保険と年金はセットなんです

は?

(私)年金はけっこうです

(係の人)年とってお金はいりませんよ

(私)いいですよ。私もネコだもん(できれば年金でなく人をたよって生きてゆきたい)

と、つっぱってしまいました

おなら

猪飼野地域新聞

発行
おなら社
東成区大今里南二丁目20-12
☎06 974-5746

二十二発目

カンパ20円
郵便振替大阪53181

ほんまのほんま

壬午軍乱 前篇（イモグンナン）

文 清水遠也 No.6

いまから百年ほどまえの夏のことです。朝鮮の兵士たちが、ソウルで暴動を起しました。一八八二年の七月二十三日のことです。朝鮮軍の兵士たちが、自分たちの給料として支給される米をピンハネしていた倉庫係をなぐったことが、コトの起りでした。続いて兵士たちは政府の高官を次々とおそって殺し、朝鮮軍の教官をしていた日本軍少尉・堀本礼造を殺し、騒ぎはソウルの町の人々をも巻き込んで大きくなり、人々は続いて日本公使館をおそいました。公使館にいた日本軍人や巡査は応戦しましたが、暴動の規模は大きく、とてもかなわないとみて、花房公使をはじめ公使館員たちは、みずから公使館に火を放って、その火事騒ぎのスキに仁川（インチョン）へ逃げました。もちろん、当時はジャンボジェットなどありませんでしたから、国外へ逃げるために、港町である仁川へ逃げたわけです。日本でいえばソウルが東京なら、インチョンは横浜といったところでしょうか。花房公使一行は、そこでホット一息ついたのもツカの間、ソウルで兵士や民衆が暴動を起し、それに追われて逃げて来たことを知ったインチョンの兵士たちは、ソウルに応えるかのように暴動を起して公使一行におそいかかり、日本側は死者六人、負傷者五人をだしました。公使たちは、たまたまインチョン港にいたイギリスの測量船フライングフィッシュ号に助けられて、命からがら日本へ逃げ帰ることができたのでした。

この年（一八八二年）は、十干十二支でゆうと、みずのえ（壬）のうま（午）年にあたっていましたから、この大暴動のことを、壬午軍乱（イムオグンナン）と言います。年号のかわりに十干十二支を使うのは、中国・朝鮮・日本三国共通の昔からの習慣でした。日本でも明治維新のときの戦争を「戊辰の役」といいますし、中国でも孫文らの起した革命を「辛亥革命」といいます。ちなみに今年は、「庚申」の年です

壬午軍乱の簡単なテーマは右のようなものですが、兵士たちは、なぜ反乱を起したのでしょうか？

なぜ、日本の将校を殺したり、日本の公使館をおそったりしたのでしょう？ じつは、この壬午軍乱は、ほんまにほんまの近代日本を知るにあたっては、玄海灘のむこうで起った「よその国の出来ゴト」としてはすまされない事件なのです。

まえもって閣議で周到な計画を練って、その計画にそって、朝鮮沿岸を何ヶ月にもわたって軍艦で排発行為を繰り返し、まんまと江華島事件を引き起すことに成功し、ペリーの黒船来航をそっくりそのまま真似て、軍隊でおどしながら不平等な開国条約をおしつけることに成功した日本でしたが、前回でもふれたように、まるでタメ池のセキを切ったように、開国と同時に朝鮮の穀物がドッと、日本へ流出するようになりました。のどかな自給自足の農業社会だったころえ、急激な穀物のの流出ということが起ったのです。日本商人による大量の穀物のもちだしで、開国後二〜三年で朝鮮の穀物の値段は数倍にも値上り、そのため民衆は物価高でたいへん苦しみました。

こうして、条約の文章がものを言いはじめその不平等さがまのあたりで進むにつれ、朝鮮民衆の反日の動きは、日に日に激しくなっていきました。日本人居留地に火を放つもの、石を投げるものなどがあいつぎ、日本商人は、居留地内の、それもせまい路地でしか取引きをすることができないありさまでした。

こうした民衆の圧力におされて、条約の不平等さを改めるためと、米や大豆の輸出を禁止するための交渉に、一八八〇年、朝鮮の外交使節・金弘集（キム・ホンジプ）の一行が来日しました。つまり壬午軍乱が起きる二年も前に来日したわけですが、金弘集はそのときすでに、次のようにいっています。「米や大豆の輸出が大へん多すぎて、朝鮮民衆の不平不満がつのっています。このままの状態が続くと、かならず反日暴動が起ります。」と！ 詳しくは次号！

つづく

二十二発目のおなら発行がおくれましたことをお詫びします。
おなら社一同

やじ馬レポート パートIII
オリンピックは参加することに意義がある!?
え・おかくみこ
作・おなら社
ゼヒ参加したいです
ア〜やはり侵略国の主催するようなオリンピックは…
あ〜なんともやはりイカン……
メダルのかわりに賞金は石油にします
ソ連オリンピックやろう会
ウ〜やはり政治というものはスポーツに介入すべきではないと…
選手団の入場です……

「まだ、ほんの小さい頃やったけど、女の人達が『ゆかた』着て盆踊りしてるの見てね、自分もあんなして踊りたいなあって思ったことがあったわ」

こんなことは日本人なら誰にでもあることだろう。ところが、そう思った女の子が在日韓国人だったとしたらどうだろう。彼女は卞仁子(ピョン・インジャ)さんといって現在、関西韓国YMCAで韓国舞踊と長鼓(チャング)の講師として指導している。

卞先生は、十一才の時教師について本格的に習いはじめ、舞踊歴はもう十数年になるという。しかし、この十数年は山あり谷あり、さらには海まで渡っての歳月だったという。

「やっぱり日本では教えられる先生が少ないわけなんです。それで韓国から来た先生に教えてもらうことになっても、師弟関係っていうのはきっちりしててね、先生が右むけて言えば右むかんとあかんし、発表会があるといえば、もう無条件にお金つくって出るとかね。私ら首習ってた時なんかお金のない子がほとんどやったしね。それで精神的にもいろいろかみ合わない事が多かったからね。先生たちも教手したらあきらめて韓国に帰ってしまうとかで、随分先生が変ったわけです。」

「大学を卒業して二年ほど踊りを教えているうちに限界を感じまして、これじゃいけないという事で、本国へ行って、一年半本格的に習いました。その先生というのが、本国でもかなり有名な方で、まあラッキーだったんです」

× × × × ×

韓国留学のあと、彼女は生野で舞踊と長鼓を教えるようになった。しかし、『在日』という特殊な状況下で、民族舞踊を教える、また習う、ということにはいくつかの壁があった。

猪飼野の詩(いかいのうた) 17.

文・おなら社
写真・清水達也

「私も本国で習っている時に、そういう事にぶつかったわけです。韓国で習ったものをそのまま日本に持って来ても、何等創造性がないしね。自分らの現実から離れたものになるんではないかと。だから、これからは自分らでつくり上げやなあかんとね」

「私はやっぱり在日を育てるのは在日の中から生まれなあかんなと自覚したから、まあちょっと立て前が大きすぎるけど、そういう決心で韓国から帰って来たんです」

ここで彼女は、二度目の「めざめ」をした。「韓国人」という民族性と、『在日』という立場との二つを同時に背負って歩きだしたのである。彼女が創作した舞踊劇「渡航史」のなかには、

『――韓国へ行っても悪口いわれるし、日本に居てものけもんにされる、どないしたらええんや。たとえ우리말(母国語)が話せなくても!김치(キムチ)の味がわからなくても! 我々は祖国を愛し!南北統一の為、力を合わせて生きて行こう!オルサ!チョッタ!――――』

というセリフがあった。

× × × × × × × ×

「舞踊というのはね、何もかしこまって踊るもんじゃないと思うねん、洗濯するところからね、蝶々が飛ぶのを見ることからね、自然に体が動くのが舞踊やと思うわけ。洗濯に関してはね、執拗に好きなんですね。まっ白いものを着るという事が――」

聞いているうちに「鳳仙花(ホウセンカ)」の調べにのって踊る卞先生が、チマ・チョゴリの他の何ものでもないあの『白さ』が、今一度、僕の眼の奥から痛いように浮びあがってきた。

「――自分の中の民族性をよみがえらせてくれる、そういう機会だと思うんですよね。実際踊って、人に見せるなんていうんじゃなくて、こうまさしく生きる上でね、自信っていうのかな、自分の存在を認める媒介(りやと思うの」と最后に彼女はいった。

編集後記

●賛手
女性は今年の夏は、ミニスカートがはやりそう。従って男性は、リーゼントにもどろう。

世の中の圧力に負けるな!!
●おなら社編集中
ランナウエイ・

●井キャベツ
東京パラムの会が바람(風)(パラム)2号を発行しました。「…在日朝鮮人のさまざまな問題を、写真を媒体として話し合える空間を持つ事が目標としてあるのですが……」という熱い想いで発行された写真集です
連絡先 東京都中野区野方一の五三一の四 白井荘7号 金様方 パラムの会
●おなら社にもあります。
一部700えん 送料120えん

パラム2号
1部700えん
送料120えん

政治に激動の時がきた

おなら
猪飼野地域新聞
発行
おなら社
東成区大今里南二丁目20-12
☎06 974-5746
二十三発目
カンパ20モ
郵便振替大阪53181

おなら社社説・衆参ダブル選挙に思う

とんと最近、国会の動きとかに興味や関心を持つこともなかったけれども去る5月16日のあの野党提出の内閣不信任案可決ほどオオッと思ったことはなかった。自民党の中で田中・大平を中軸とする主流派というのと、三木・福田・中川を中軸とする反主流、どっちにころんだら一番得するかなあ、なんて考えている中曽根派がいるというぐらいは私たちも知っていたが、その自民党内部での金権腐敗等をめぐる(もちろんこれはタテマエくさいが)骨肉の争いがどうやら引き金となり不信任案可決＝「誰がために鐘(ベル)はなる」解散になってしまった。もちろん、色々なせんさくはあって、もともとあの解散は田中が仕組んだものであるとか、大平も分かってやったとか言われたりしているが、しかしはっきり言えることはこの事態は自民党全体が望むべく良い事態ではないということだ。

＊　＊　＊　＊

この25年間私たち国民は自民党政治を受けいれてきた。確かに昭和30年代から40年代にかけての「高度経済成長」のおかげで総体的に暮らしも良くなった。具体的に考えてみれば分かる通り、私たちの子供の頃にはテレビやクーラー、車など一般家庭にはなかった。寒いからといって石油ストーブや電気毛布を買う家はまずなかった。現在はどうか？。どんな安サラリーマンでもテレビぐらいは持ってるしステレオだってあるかもしれない。持てる物の量、得る収入だけをみるなら十年前とだって比較にならないくらい増えているだろう。まさに自民党政治のおかげだ。

＊　＊　＊　＊

私はよくパチンコをする。10年前、パチンコの玉は確か1個2円で百円で50個買えた。現在は知ってる方も多いと思うが百円で25個、つまり1個4円だ。仮りに二千個で終了するとして10年前なら、2000×2＝4000円、しかし換金する場合は6割ぐらいだから2400円手元に入った。つまり収入だ。現在をその例でいくと2000×4＝8000円、その6割で4800円の収入となる。確かに収入は倍増でホクホクだ。自民党のおかげだ。しかし一歩パチンコ屋の外へ出てみたらどうだろう。帰りにコーヒーぐらいは飲みたくなる。コーヒー飲んだら250円(10年前80円)、バスに乗って帰ると110円(10年前30円)、家の近くの食堂でカレーを食ったら400円(10年前120円)、風呂屋へ行ったら165円(10年前35円)などなど。もちろんこれに住宅費、水道、ガス、電気との並みに10年前と比較すれば2倍どころではない。よく考えてみると、私たちが日常かかせない暮らしの中で要する費用は収入の増加以上のものなのだ。まさに自民党のおかげだ。

しかも10年前のパチンコほど現在のパチンコは単純ではなく、チューリップの数は多いが入りにくかったり、しかしその分、他の遊びを取り入れ(例えば最近ではルーレットやテレビゲーム、ブロックくずし　などをパチンコに取り入れている)パチンコ意欲を湧かせるなど、またコンピューターを導入して機械化をはかるなど、同じ2000個をはじき出すにしてもそれだけきびしくなっている。労働強化がなされているのだ。

パチンコなどと下世話なことばかり言ってきたけれども、このパチンコの変遷こそ戦後日本のありようと言えはしまいか。

＊　＊　＊　＊

この「日本社会パチンコ構造論」は皆んな気付いていると思う。気付いているにもかかわらず、この25年間自民党が単独で政権をとってきた。これは一体どういうことなのか。原因は色々あるだろう。一つには戦後一度、社会党内閣が出来たが失敗したこと。二つには自民党政府には自由があるが、社会党・共産党が政権をとったら自由がなくなるという根強い感覚。三つには、いろいろ不満はあるがいくら私一人考えたところでどうにもならんし、それなら自民党のままで良いという現状維持アキラメムード・四つめに無関心。おおよそこれらの要素がからまって自民党政権は今まで続いてきたのだと思う。こういう状況の延長上で今度の内閣不信任案可決＝解散になってしまったのだ。はたしてこの事態はマスコミが言うように「ひょうたんからコマ」なのだろうか。私たちは違うと思う。もはや現状の態勢ではやっていけないところまで自民党が追い込まれてしまっている表われだと思う。つまり先述の四つの要素の上にあぐらをかいておればいいということでは済まなくなってきたのだと思う。

＊　＊　＊　＊

おなら社は今度の選挙で「○○党へ投票しよう！」とか言っているのではない。ただ今度の解散を大きな政治変動のキッカケとしてみる必要があるということだ。そしてより良い方向に向けなければならないと思う。保守の危機とか連合政権の時代とか自由主義か共産主義かというレベルの話しではなく、私たち国民の身のたけにあう政治を私たち自身の行為と責任において創り出せるかという「大平の決断」ではなく『私たちの決断』の時代が来ているということを認識したいと思う。

＊＊＊＊＊　さて、まずは6月22日、あなたはどうするのか？！

猪飼野の詩

―若き文化の担い手達―

文・おなら社
写真・清水達也

今回は、前号で紹介したピョン・インジャさんが指導している舞踊教室の生徒さん達と話をしてみた。

ほとんどが若い女性達、「親に比べれば苦労はない」とは言うが、それなりに苦労も多いだろう。「韓国舞踊を習ってみようと思った動機は」という質問に、

「ここで生まれて、自分の国の言葉もしゃべれないし、舞踊を通じて言葉もできたらいいと思って」

「日本人ではなく韓国人だという事を子供に残す時、少しでも(舞踊を)知ってた方が子供に教えられるんちゃうかなという単純な発想で――」

このように彼女達は答えたが、そのひかえめな答えも「在日」の下で舞踊を続ける事の難かしさを考えあわせれば、言葉通り受け取るのは早計だろう。

インジ先生は言う、

「私らの大きな壁の一つは、一世・親達の無理解なんですよ。一世の時代は舞踊が芸術ではなく、酒宴か何かの場で踊る余興の様なものだったので、(舞踊に対し)見下した見方をしていましたから。それに、実際お金を出して習っているものだから、経済的な問題もあるしね」

止めたくないのに親に殴ぐられ止めさせられた人もいた。今まで多くの人が去っていった。今残っている人は、自分の収入で通っている人がほとんど。

しかし、四月の発表会の後、主婦の舞踊クラスも設置され十人ほどが習うなど、舞踊の輪は確実に広がって来ている。

＊　＊　＊

そして彼女達は、舞踊を続けていてこう感じたと言う。

「極端に言ったら『めざめた』っていう感じ」「今、始めて韓国の何かに触れているんだなって思います――韓国人が、今よりもっと苦しい昔から大地を踏みしめて来たんだなって想える事もあるしね」

その会話の中である若い母親は、祖国の言葉がしゃべれないという事が一番口惜しいから、舞踊をはじめ祖国に体で親しみながら、徐々に言葉も勉強したいと言っていた。そしてその若い母親は、自分の子供との次の様な話をしてくれた。

「やっぱし韓国人だという意識はね〜子供は感じていないから)子供になんぼ(あんたは韓国人やと)言うてもね『日本に住んでるから日本人や』て言いますねん。私が、あんた何人って聞くと、子供が『日本人』と答えるんです、それで私が、『韓国人や』って言うたら、子供が『じゃなんで日本に住んでんの』って聞くわけ。歴史をたどっても子供にはまだわかんないでしょ、だから今は、自分が韓国人やという事を知ってくれたらいいと思う。それで、こういうふうな(覚えた)言葉の一つでもし(韓国人が集まる)場に行って(覚えた)言葉の一つでもしゃべって聞かせたいという気持ちがあるんです」

韓国の舞踊を踊っていることで、やっと韓国人だという実感がわくと言っていた生徒さんもいた。

Ⅱ世・Ⅲ世がどんどん父親や母親になって来ている現在、この若い母親の悩みは、彼女一人が持っているものではないはずだ。

「在日」という情況の下で、同化から身を守り、民族性を築いていく事は、たいへん難しい。前号でピョン・インジャさんは「在日を育てるのは在日の中から生まれなあかんなと自覚した」と話していたが、在日韓国・朝鮮人が、自らの民族性や文化を守り築いていく事の困難さや複雑さを身をもって感じたからだろう。この舞踊教室の生徒さん達も、そのことと闘い続けながら、「在日」の文化をつくり上げていくのだろう。

編集後記

○この号の製作中に、彼方に大平内閣不信任、衆参両院選挙の開始、大平首相死去と続いたが、選挙の一票は自分の手の中にある。有効に使ってみよう。
山辺一郎

○表面を書いたのは新入社員のオオクマ君です。今後ともボチボチやりますのでよろしく!!

○四月からオオクマ君以外にもう一人モトシマ君というのが入りました。できたら女の子が来ないかなア～。
(おなら社主流派)

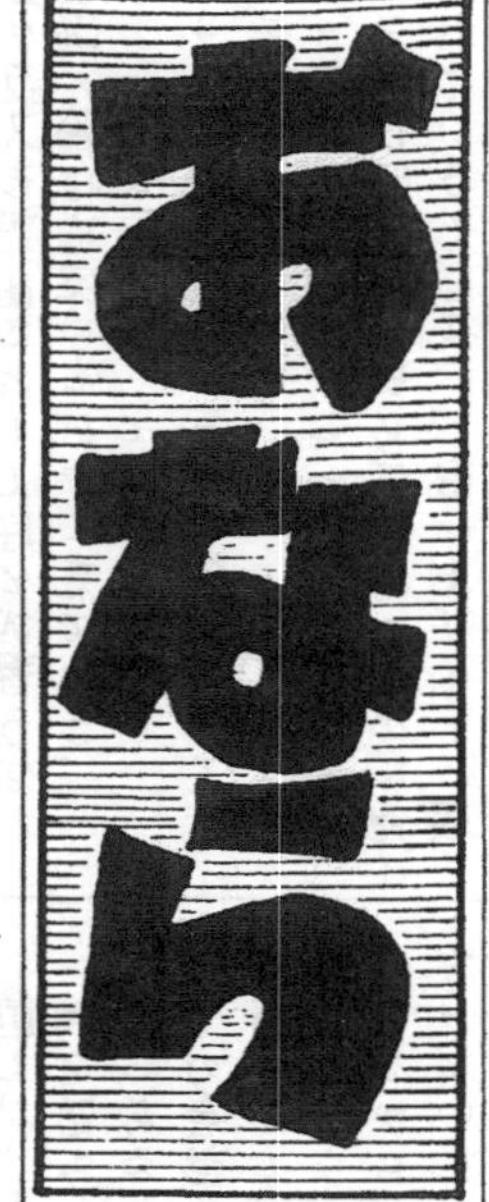

猪飼野地域新聞
発行
おなら社
東成区大今里二丁目20-12
TEL 06 974-5746
二十四発目
カンパ20円プラスα
郵便振替・大阪53181

「ヘーボジャ会」を訪ねて

「ヘーボジャ」とは、韓国語で〝何でもやってみよう〟という意味だそうだ。地域の保母さん達が中心となって、子供のために自分の手で教材を作ったりしている。そんな彼女たちに、「ヘーボジャ会」についての思いを聞いてみた。

「一世の親なんかはね、堂々と、チマ・チョゴリを着て、言葉もウリマルをしゃべったりするけど、次の二世の私らは、それだけでは駄目でしょう。親のマネだけしててもだめでしょう。今度は自分の知っているものをね、四世・五世に伝えていかなあかんっていうか、そういう、自分の中に蓄積したものを次の子に引き継いでいくというような、そういう作業をこれからやっていかなあかんと思いますね。・・・ところで、ホラ、こんなチマ・チョゴリを着た人形劇は、見るの初めてでしょ。」と人形のチョゴリを縫う手を休めずに話してくれた彼女たち。

「子供達が、例えば、言葉だけで『アンニョンハシムニカ』って触れているんじゃなくて、こういう指人形だとか紙芝居をとおしてね、やっぱり、その記憶っていうのは残ると思うんよね、大きくなるにつれて。で、お母さんのチマ・チョゴリを見ることとね、この人形劇で見たチマ・チョゴリは、記憶に残る残されかたがまた違うと思う。だからわたしらのもてる限りのちからでね、子供たちにそういったものを伝えていかなあかんっていう気持ですねえ。」

猪飼野の詩（いかいののうた） VOL.19

ヘーボジャ会を訪ねて——

彼女達は、現在創作中の人形劇だけでなく、今年の春に催された韓国舞踊劇のなかで使われた仮面なども製作した。また、韓国の昔からの遊びなどもスライドに撮って紹介している。今、作っている人形たちは、身近な材料を使っていて、頭は発泡スチロール、体はストッキングで作られる。衣裳は皆の手で、一枚一枚チマ・チョゴリが縫いあげられる。こうして彼女達は、それぞれ自分の現場（保育所など）にこれらの作品を持ち帰って、子供たちの前で発表していくのだ。

＊　＊　＊　＊

なぜ、彼女たちがヘーボジャ会を始めたのかという、動機といったようなものを（もちろん、個々人様々だろうし、〝共通して言える状況〟などと肩いじはるわけでもないが）少し聞いてみた。

「私の受け持ってるクラスは年長の五才組で、来年卒業して小学校へ行くわけでしょう。『小学校へいっても、キム・スンジャ（金順子・仮名）でいこうね』といったら、『えェッ、なんでェ？』って言うわけ。私が『どうして？どうしてイヤなの？』って聞いたら、『だってあれは保育園のお名前やろ』、『小学校ではイヤや』って言うの。やっぱり、それだけ子供達自身、こんな少さなうちから在日韓国人としての現実を背負っているということなんじゃないんかなと思うんですよね。保育園では本名で呼ばれても、おうちへ帰ったら日本の名前で呼ばれるとか、そういう場のなかで生きているわけですからね。」

「保育所とかね、そういうとこらへんで、正しく自分が何者であるか、というこをね、気付かせていかなあかんのとちがうかと思いました。〝正しく自分が何者であるか〟ということは、人と人とがつきあっていく場合の前提条件ですからね。今、子供たちは個性がでる前やし、一番大事な時期やし、そういうことをハッキリ知らせていかなくてはいけないなあと思うんです。」

＊　＊　＊

ヘーボジャ会は、月2回、第2・第4水曜日に開かれる。現在メンバーは十人くらいで日本人も参加している。保母さんだけでなく、教師や主婦もいる。

今、彼女達が作っている人形は、韓国の民話をもとにした人形劇「三年峠」のなかで使われる人形だ。出来あがるのは秋ごろだそうだ。チマ・チョゴリを着た人形たちがあちこちで動きだすのを、楽しみに待っていたいと思う。

（ヘーボジャ会についてくわしく知りたい方は、おなら社へ御一報下さい。会の方へ連絡します。）

ほんまにほんま その7

近代日本と朝鮮

清水達也

壬午軍乱・後編

朝鮮は開国後、いろいろな近代化を進めましたが、軍隊の近代化のため、「別技軍」（ピョルギグン）という日本式の軍隊をつくりました。この別技軍だけは特別待遇で、服装も給料もたいへん良く、旧軍隊のほうは給料の支払いさえとどこおりがちでした。前回お話しした、壬午軍乱で殺された日本陸軍の少尉堀本礼造は、この別技軍の教官だったのです。彼はわざとソウル市内の目のつくところで別技軍に日本式の軍事訓練をしたりして、他の軍人や朝鮮民衆の反感を買っていました。

このようなときに、なんと十ヶ月以上も遅れて、ようやく一ヶ月分の給料として米が旧軍隊に支給されましたが、その米には砂やヌカが混じっていたりで、実際には半分くらいしかないというひどいものでしたから、それでなくとも、開国後の穀物不足と物価高で困りはてていた兵士たちは、ついにカンニン袋の緒を切らして、米をゴマ化していた倉庫係をなぐりました。倉庫係はこのことを上官である宣恵庁（食糧を管理する管庁なのでしょうか）の長官の閔謙鎬（ミン・キョモ）に伝えました。閔謙鎬は米をゴマ化していた倉庫係でなく、さわぎを起した兵士たちをとらえて処刑しようとしましたから、兵士たちはよけいにふんがいして、彼らもまた自分たちの上官である武衛大将・李景夏（イ・キョンファ）にうったえたところ、李景夏は、兵士たちに閔謙鎬の家をおそってしまえと指示しました。なぜ、軍の高官が政府の高官をおそえなどと指示したのでしょうか？

壬午軍乱当時の李朝政府は、王妃の一族である閔氏一族が勢力をふるっていて、政府の重要なポストはほとんど閔妃一族でしめていました。ムリヤリの開国ではありましたが、開国したあとは、この閔妃一族は開国策、近代化路線をとりました。しかし、それは、前にも述べたように、外国に利益をむさぼられるような、主権をおかされるような開国策でしたから、国内は攘夷論がふっとうしました。開国前後の朝鮮は、ちょうど日本の明治維新前夜のように、開国と攘夷に国論がまっぷたつにわかれていました。この一方の攘夷論の旗がしらが、王・高宗の父、大院君（テウォンクン）でした。兵士たちを処刑しようとした閔謙鎬は閔妃一族でしたから、閔謙鎬の家をおそえと指示した兵士たちの上官李景夏はきっと大院君派だったにちがいありません。

こうして、兵士たちは閔謙鎬の家をおそいましたが、彼はちょうど王宮へいっていて留守でしたから、家をこわして引きあげました。しかし、政府の高官の家をうちこわしたとあっては死刑はまぬがれないと思った兵士たちは、大院君のもとにかけつけました。そこで大院君は彼らに、王宮をおそって閔妃をはじめ彼女の一族を処刑せよと指示しました。兵士たちは元気づいて、いっせいに景福宮へむかいました。こうなるともう立派な反乱です。しかし、いかに大院君に影響力があったとはいっても、大院君の一声だけでこんな大暴動が起きるものではありません。不平等条約締結以降の民衆のつもりつもった不満に、大院君の指示が火をつけたのでしょう。

反乱はソウルの町の人々も加わって大暴動となり、閔謙鎬をはじめ閔妃一族の高官たちが数人殺され、次に大群衆は日本公使館をおそったのでしたが、そのくわしいテンマツは前回お話ししたとおりです。

＊　＊　＊

さて、命カラガラ長崎に帰りついた花房公使は、すぐさまこのことを東京へ打電しました。東京では、もうその翌日には、損害賠償請求のための閣議がひらかれました。この会議で一番の強硬派は、山県有朋でした。彼は、「（損害賠償の）談判激迫の際に到れば、我が軍隊をして開港所を占拠し、あるいは、時機に依り要衝の諸島を占領し…」といった意見をふりかざし、ゴチャゴチャぬかしたら武力で占領してしまえと息まきました。

しかし、日本が朝鮮政府と交渉にあたるころには、日本の意図をいちはやく見抜いた清国は、すかさず反乱軍を清国軍によって鎮圧させ、事件の黒幕とされた大院君を逮捕して日本を牽制しました。アメリカも軍艦モノカシイ号を派遣して日本軍の動きを牽制しましたから、日本はおもわくどおりにはコトは運べませんでした。この壬午軍乱後、逆に清国が朝鮮に対する宗主国の地位をよりたかめ、朝鮮をめぐって、日本と清国は対立を深めていき、やがて日清戦争へとつらなっていきます。

以下次号

前回（前編）のあらすじ

一八八二年（みずのえのうま即ち壬午の年）の夏、兵士の暴動に端を発し、ソウルの民衆をもまき込んだ一大暴動がソウルで起った。民衆は日本軍少尉を殺し、ついで日本公使館をおそった。花房公使をはじめ公使館員や軍隊は応戦したがとてもかなわぬとみて、自ら公使館に火を放って、国外脱出のため仁川（インチョン）へ脱れたがそこでも襲われる…

おなら社 二周年記念行事のおしらせ

当日5名の方におなら社二周年記念Tシャツプレゼント（抽選）しますので御期待!!

映画　江戸時代の朝鮮通信使（文部省 選定）

とき● 8月23日（土）ごご6時半～

ところ● 生野区民センター（3階301号室）

プログラム● 映画と講演（講師 堀井守三氏）

入場料● 無料（ただし心ある方のカンパはこばみません）

生野区民センター

太池橋

生野区役所

行こう！

おなら

地域新聞

発行 おなら社
東成区大今里南2-20-12
TEL. 974-5746

25号
カンパ20エン, 郵便振替大阪53181

猪飼野の詩 No.20

―高校生の若い人々と―

文と写真・山辺一郎

今夏とはいえ暑い太陽の照りつけた八月のある日の夕方、府立S高校をたづねた。

時はソウル、光州(クァンジュ)と続いた事件の後、予想したように金大中(キム・テジュン)氏らの逮捕のニュースが新聞紙上を賑わしていた頃。

この高校には在日朝鮮・韓国人が数十名在学しているが本名を使っているのは李順子(リ・スンジャ仮名)さん一人。その順子さんと同級生の数名の日本人生徒に高校生活や社会について聞いてみた。

S高校では毎年入学時に、在日朝鮮・韓国人生徒とその父兄を集めて、在日朝鮮・韓国人団体の代表に来てもらい、奨学金制度の説明や、民族的自覚を持ってどのように生きるのかという様な事を話してもらっている。

順子さんは、S高校がその事を始めて、本名を使うことになった才一号らしい。

順子さんに本名を使う決意をしたイキサツを聞くと、

「先生が本名と通名と、どちらを使うんですか?って聞かはったから、本名使います、って言うたんです。」と、あっさり答えた。

彼女の場合、両親も彼女自身が決めれば良いと理解があった。

彼女は自分自身の事を次の様に話してくれた。

「おばあちゃんは、朝鮮語しゃべってはったけど、全然解らへんかったんです。」

「陰でされていたかもしれへんけど、差別されたことはありません。」

具体的、現実的に差別を受けた事がないと言う。私は、段々、差別をめぐる情況が巧妙に変化してきているのかなと思い始めた。しかし、日本人生徒のOさんから次の事件を聞いた。彼女の住んでいる処は、朝鮮・韓国人がたくさん日本名を名乗って、日本人といっしょに勉強しているのだが、「誰かが学校を休むと、その子は朝鮮人や」という言うウワサが広がるんです。」と話してくれた。また、ある時は、人気歌手のSが在日朝鮮人だというウワサが立ち、そのSのファンであった小学生達がファンである事をやめたという事もあったらしい。この話しをしてくれたOさんはそれでもSのファンであるらしいが、今度は、その事をもって、彼女が「朝鮮人」であるというウワサが流れた。やはり、親たちの差別意識が複雑に小学生達に投影していたのだろう。

* * *

順子さん達は今、朝鮮問題のサークルに参加している。順子さんは、今そこではじめて、祖国の事を学び始めた。今年の春から民族舞踊を、そして秋からは朝鮮語も勉強し始める。重大な決意であるという自覚もあまりなしに、本名を使い始めた李順子さんは、除々に自分が朝鮮人であることの誇りを秉き始めた。

* * *

そのサークルの顧問のK先生にも、今の高校生について聞いてみた。

「今、教育の現場では確実に反動化しています。そういう世相の下で、ここ六、七年の間に高校生が、右傾化しています。だから、その中にいる朝鮮人生徒もその影響を強く受けています。」と答えてくれた。

順子さんと共にサークル活動をしている日本人生徒Tさんは「親の反対で参加しない人が多いんです。」と言う。また、朝鮮人生徒の何人かにTさんがサークルに参加する様に推めた時に、その朝鮮人生徒達が自らの民族的自覚をすて、安易に国際人として生きたいと表明することに強い疑問を感じたと言う。

彼女達は秋に催される文化祭で「在日朝鮮人の法的地位」をテーマに発表する。その準備の為に夏休みには合宿を行ない、何回も学習会を開き大忙しである。彼女たちは自分たちのしている事が少しでも日本と朝鮮の架になることを望んで奮斗している。

今までに、卒業してから本名を使うようになった(もちろん、これは名前ということにとどまらない。)卒業生からサークルに、その活動に対する感謝の手紙がきた。彼女達にはその手応えがいちばん力づけられるのではないだろうか。これからもがんばってほしい。

こらこら・こらむ

▼先日の朝日新聞に「わが社はこれからリーガン米大統領候補の表記を米国の発音に近いレーガンに改める」とあった。▼NHKも同じことを言っていた。在日韓国人 崔　牧師がNHKに対して、私は「サイセイカ」ではなくて「チェ・チャンファ」だからそう呼んでほしいと訴訟まで起こしたのにガンとしてそう呼ぼうとしなかったNHKまでがである。▼また、レーガンと同じようにこの頃毎日のようにその名がテレビに出る金大中は、日本を除いて「キンダイチュウ」などと発音する人はいない。しかし、この方は「キム・デジュン」に改める気配はないようだ。▼私の職場にいる女の子がヨーロッパに旅行をして「あなた東洋の人ならマオさん知ってるでしょ」と言われ誰のことやらわからず恥をかいたそうだ。毛沢東を「マオツォトン」といわず「モウタクトー」などと言ってるのは世界で日本人だけなのだ。▼西洋のリーガンはすぐレーガンになるのに、ケッタイな話ではないか。

(和)

8·23 おなら二周年記念の夕べ 大成功!! ―七〇名参加―

おなら二周年記念の夕べ
江戸時代の朝鮮通信使

★写真(上)は講演中の辛基秀(シン・ギス)さん

一九七八年夏におなら一発目を出して今年、夏で二年。二周年の記念にということで、八月二十三日、生野区民会館で"江戸時代の朝鮮通信史"上映と、生野在住の郷土史家・堀井守三さんの講演を催しました。

宣伝もあまり出来なかったにもかかわらず七〇名近くの方々の参加がありました。なかでも、私たちも全く予想もしていなかったのですが、この映画の制作者、辛基秀(シンギス)さんが、ひょっこりおみえになり、これさいわいとばかりに、強引にも講演を無理願ったという、抜群のハプニングまであり、本当に有意義なひとときを過すことができました。

この紙面をかりて、参加していただいた皆様に、厚くお礼申しあげます。(社員一同)

今号から、記事の内容を豊富にするために字の大きさを変えました。いかがなものでしょう?　(編集部)

私たちの日本どこへゆくのか?!

〈おなら社座談会〉

ゼンコーの戦争準備政策,許さへんで!

おなら二十二号目で私たちは書いた。「今度のダブル選挙を大きな政治変動のキッカケとしてみる必要がある。そして、よりよい方向に向けなければならない」と。意に反して六月二十二日の選挙は自民党の圧勝に終わった。その圧勝ぶりを背景に、今、様々な右傾化政策が打ちだされてきている。そして、隣国、韓国において、全斗煥(チョン・ドゥファン)政権は金大中(キム・テジュン)さんに死刑判決を出すなど以ぜん、内外の情勢は激動といえる。

今回は、おなら社編集部、御三家記者による「私たちの日本、どこへゆくのか?!」と題して座談会を組んでみた。

西條…先の選挙で自民党が圧勝したわけやけど、その後の政府の動きとして目につくところを話してくれへんか。

郷…選挙前はひょっとしたら「保革逆転」になるのと違うかという自民党の危機感もフタをあけたら大勝していた。この自信は想像以上に大きいんやろな。あれ以来、本当に右傾化へと急転回している感じやからな。たとえば、靖国神社法案を、今秋、国会に上程するとか…。

野口…靖国神社法案といえば過去何回も国会に上程されたけど信教の自由の問題や、戦争美化、ひいては天皇制を認めてしまうことになるといって多くの国民の反対の声で廃案になったやつやろ。

郷…そうや。それをまたぞろ出してきとる。それに呼応するかのように、先日の朝日新聞に載ってたけど、戦前あった「金鵄勲章」を復活せよと旧軍人たちが全国的に運動し始めてるらしい。こんなもん復活したら、それこそ中国で、朝鮮でオレは何人殺しましたというようなもんやで。武勲に対して天皇が授けるもんやからねこれは。オリンピックで金メダルをもらうのとは訳が違う。十年前やったらそんなこと、「堂々」と新聞紙上で言えへんかったことや。

西條…「堂々」と言うたら、清水幾太郎とかいう、かつては原水爆禁止運動をやっとったエライ学者サンまでが「核の選択、日本よ国家たれ!」とか言うて右翼もマッサオの主張を「堂々」と出してきている。

野口…無節操やな!

西條…奥野法務大臣なんかみてみい。「憲法を改正せよ、あれはアメリカの押しつけや、自主憲法やない。」と涙うかべて国会でしゃべった為に失笑を買うやら追求されるやら。

「憲法改正」「保安処分導入」について

郷…「憲法改正」の話が今出たけど、もちろん、これは才九条の戦争放棄条項の撤廃と天皇の位置づけが重要部分になると思うけど、かなり時間をかけてやるやろな。つまり自民党にしたって、今すぐ改正するとか言うたらものすごい反発が返ってくるの、よく知っとるから「改正」をチラつかせながら、あんまり国民の関心の及ばんところから、実質的に法体制を改悪し、その最後に「改憲」を出してくると思うよ。

西條…さすが敏腕記者郷やな。

郷…ガハハハハ。おだてなさんな。みんなも憶えてるやろうけど、夏に、「新宿バス放火事件」というのがあったやろ。「不労者」が灯油まいて何人もの人を殺傷したというあれ。あの事件は政府にとっては、ほんまに好適合やったんや。

野口…どういうことや、それは。

郷…奥野法相は八月二六日の閣議で、その事件に関連してこう言ってるんや。「現行刑法は精神障害者や、その疑いのある犯罪者への対応が不充分。こうした人々に対する『保安処分』を含む刑法全面改正の必要がある」とね。「保安処分」というても何のことかわかりにくいと思うけど、要するに、国家が、こいつは自由にさせといたらまずいという人間を、犯罪行為をする以前につかまえることが出来るわけや。つまり、いるということが犯罪やちゅうわけや。戦争中、治安維持法というのがあって、たくさんの人々が何の罰もないのに投獄されたやろ、あれの復活や。

野口…それにしても奥野法相の発言は差別と偏見にみちみちとるな。精神障害者が健全者より犯罪率が高いなんて事実はどこにもないのに。

郷…そうさ。それに力コつけた治安対策や、これは。

西條…憲法改正=自衛隊軍備増強・核装備化=刑法改正・保安処分導入=紀元節復活・靖国神社国家護持・金鵄勲章復活…と、くりゃあまさに戦争準備だな。もはや「戦後」ではなく、「戦前」やな。

郷…その通り。われわれがマイホームや、車や、B&Bやというてる背後で着々と戦争準備が進められてるんや。ほんまにおそろしい話やで。

にもかかわらず自民党に皆んな投票するんやからな。戦争せえとせかしているみたいなもんやで。気がついてからでは遅いんや。よっぽど自分の子供を戦争に行かせたいんかな、自民党に投票する国民は!

野口…まあまあ、郷、興奮せんと。

郷…すまん、すまん。ついしゃべり出すと止まらんからな、オレは。ところでもう二つほど気になることがあるんだ。

野口…なんやそれは?

郷…ひとつはね、日本に定住している外国人対策なんや。日本に定住する外国人といってもほとんどが朝鮮・韓国人、及び中国人や。更に言えば日本に七〇万といわれている在日朝鮮・韓国人対策と言えると思うけどね。

野口…ぼくらにもたくさん友人いるもんな。

郷…彼らは日常の生活の場でも様々な民族差別(就職・進学・結婚・住宅等々)と向きあわねばならんけど、それに加えて外国人登録法・出入国管理令という二つの法律でがんじがらめにされている。

西條…そういうこと、あんまり知らんよな我々日本人は。

郷…そうや。ぼくの職場の人なんかでも日本に住んでる朝鮮人は、みんな帰化してると思ってるんやな。結構多いと思うよ、そう思っている人。そやから、外国人登録書という手帳をたえず持ってへんかったら一年以下の懲役、三万円以下の罰金になるなんて夢にも思てへん。

野口…そう言えばこの秋にも出入国管理令を改悪して出入国管理法案として国会に上程するとか新聞で見たな。

郷…そうなんや、そのこと。今回の金大中(キムデジュン)事件で多くの在日朝鮮人が「日本政府の責任」、「日韓ゆ着」と叫んだけれど、もし日本政府が奴らは国益に反すると判断したら、逮捕も可能になる。政治活動の禁止とか、様々な問題点がある。

西條…外にむけ軍備強化、内に向けて管理というわけか。あと一つは何やねん、コワーなってきたわ。

郷…それはな、コンピューターや。

野口…コンピューターてあの便利なやつか。

郷…その便利というのが問題でな、さっき外国人登録書の話が出たけど、日本人も一人一人番号で登録される時代がきつつあるんや。グリーンカード、納税者カード、住民台帳のコンピューター化、今やられている国勢調査。そういったものを最終的には統一のコード番号にしてしまうわけや。

台湾なんか進んどって、その自分の番号カードを持ってへんかったら旅館も借りられへん状況や。まさに国民管理の政策や。

郷…まあ、ダブル選挙後の日本の右傾化を具体例を出しながら話してきたわけやけどまだまだ氷山の一角、事態はもっと確実に進んでいると思うよ。

西條…そうやな、目先きの利益や幸福ばかり考えとったんじゃあ、後でどえらいシッペ返しが来ることを知らんとな。どえらいことが起こってから、「私は被害者」と言うてみても始まらん。

野口…国民にとって、政治との接点が選挙でしかないという現実が、すごくもの淋しい状況をつくっていると思う。メシ食って仕事して、パチンコして、寝てという暮らしと政治をつなげるレールみたいなもんを誰に頼ることなく、自分でつくっていかんとしゃあない時代やからな今は。

郷…まあ、そのレールしきの一助にでもわが「おなら」新聞がなれたら幸いやけどな。

西條・野口…そういうことやな。

CAUTION
投稿、取材依頼
おてがみ
記者志願
おなら社見学、なんでもOK!
一報を!
☎974-5746

おなら

地域新聞

発行 おなら社

東成区大今里南2-20-12
TEL. 974-5746

27号

カンパ20エン・郵便振替 大阪53181

猪飼野の詩

〈文〉 猪飼野夜間中学 Sさん

〈写真〉 大隅&山下

今、猪飼野に夜間中学を作ろうと仲間が集まり、自主的な学習会を始めています。僕たちの作ろうとしている夜間学校は朝鮮人のための学校です。（もちろん、日本人も参加できるし、している。）なぜ朝鮮人が主体になるかと言えば、旧猪飼野は大半が朝鮮人だからです。そのために朝鮮人が主体になるのです。そんなことを考えながら在日朝鮮人のS君、身体障害者のR氏、そして日朝混血のT君と共にささやかな学習会を始めました。その中で、T君が何故、勉強する気になったのかを彼の生いたちと共に書いてもらいます。

（猪飼野夜間中学）

なんで僕だけが殴られなあかんねん!!

私の母は日本人です。私は日本人と朝鮮人の間に生まれた日朝混血児です。私の父と母は、一九五七年ごろにいっしょになりました。

しかし四国の母の実家では二人の事を絶対に認めず、そのために母はノイローゼになり一九六五年頃に自殺しました。それから母の実家も少こしはわかってくれたのか、実家からすこし離れたところの小屋でオバさんと一緒に住み始めました。それから父は大阪の方へ出かせぎに行き、正月などは私の顔を見に四国まで来たりしていました。

ただ、それでも私は母の親せきや回わりの人に朝鮮人として見られていました。

その頃、友だちと一緒にスイカどろぼうに行ったことがあります。スイカを盗っている時に人に見つかり、みんな（四人で）いっせいに逃げましたが、ひとりが逃げおくれてつかまりました。そして、つかまった子が私の名前しか出さず、そして私一人がおとな達に殴られました。その時に「なんで僕だけ殴られるんや」と言いましたが、「うるさい」とだけ言うとまた殴りつけ、一晩中、家にも入れてもらえずナヤで寝た事がありました。ナヤの中で私は「なんで僕だけが、なんで僕だけが、僕より年上の子がいたのに、なんで僕だけが殴られんなあかんねん」と一日中泣いていました。結局、私は朝鮮人だと言うことだけで自分でも知らないうちに悪者にされてしまったのです。

それからしばらくして、母の実家の人が「こんなガキ、ようめんどうみきれん」と言って小学校二、三年の時に父と一緒に上阪しました。

パンチョッパリ（半日本人）と言われて

大阪へ来てまもなく私は堺の小学校へ転校しました。でも四国の小学校でも堺の小学校でも勉強はいつもビリでひらがなもかけませんでした。そんな時、ふとした事で私が朝鮮人だということがバレてしまい、ひとり、ふたりと友達が減ってゆき、陰で「あいつは朝鮮人だ。」「つきあうとニンニク臭くなるぞ。」と言うようになり、そのことを父に話すと父はカンカンになって怒り、学校へどなりこみに行き「こいつは日本人だ！」と言って先生にどなり散らしたのをいやな程、はっきりと覚えています。

私は朝鮮人との混血というだけで日本人社会から切れてきました。

なぜ私の母は自殺しなければならなかったのですか？

なぜ私だけがスイカどろぼうで殴られ、他のろらは殴られなかったのですか？

なぜ父は「こいつは日本人だ」と小学校の先生にどなったのですか？ 私は朝鮮人の混血として、ある一部の人達の蔑視や差別のために日本人としては生きてゆけませんでした。ただかろうじて同じ差別される者として朝鮮としてのみ生活することが出来るのです。そして、小学校四年の時大阪生野区にいる父親の親類の家に引きとられ朝鮮学校へ転校しました。しかし、朝鮮人社会でも混血という壁はとてもあつく、パンチョッパリと言われ、その中でやはり、中途半ぱな生き方しか出来ない私でした。その上、日本語も満足に出来ないのに朝鮮語などは全くわからず、授業は朝鮮語を基本にするものだから他のものもチンプンカンプンで中学までそれが続きました。それだから生活自体、日本人として自分を見ることなど絶対になく、かと言って朝鮮人としての自覚もあまりなくその日その日を過していました。でも、私はそんな中で、本当に人間としていけたのは朝鮮人社会でした。朝鮮学校でパンチョッパリと言われながらも本当に友達になってくれたのは朝鮮の子だったし、本当に心配してくれたのは朝鮮学校の先生でした。そして堺にいる父は酒ばかり飲んでいたそうです。そんな中でアルバイトしながら中学まで通い一六才の時に親類の家のカバンの製造で働いていましたがとても生きてゆけずやめました。そして今、まともな会社になんとか入り働いています。

猪飼野に夜間中学を!!

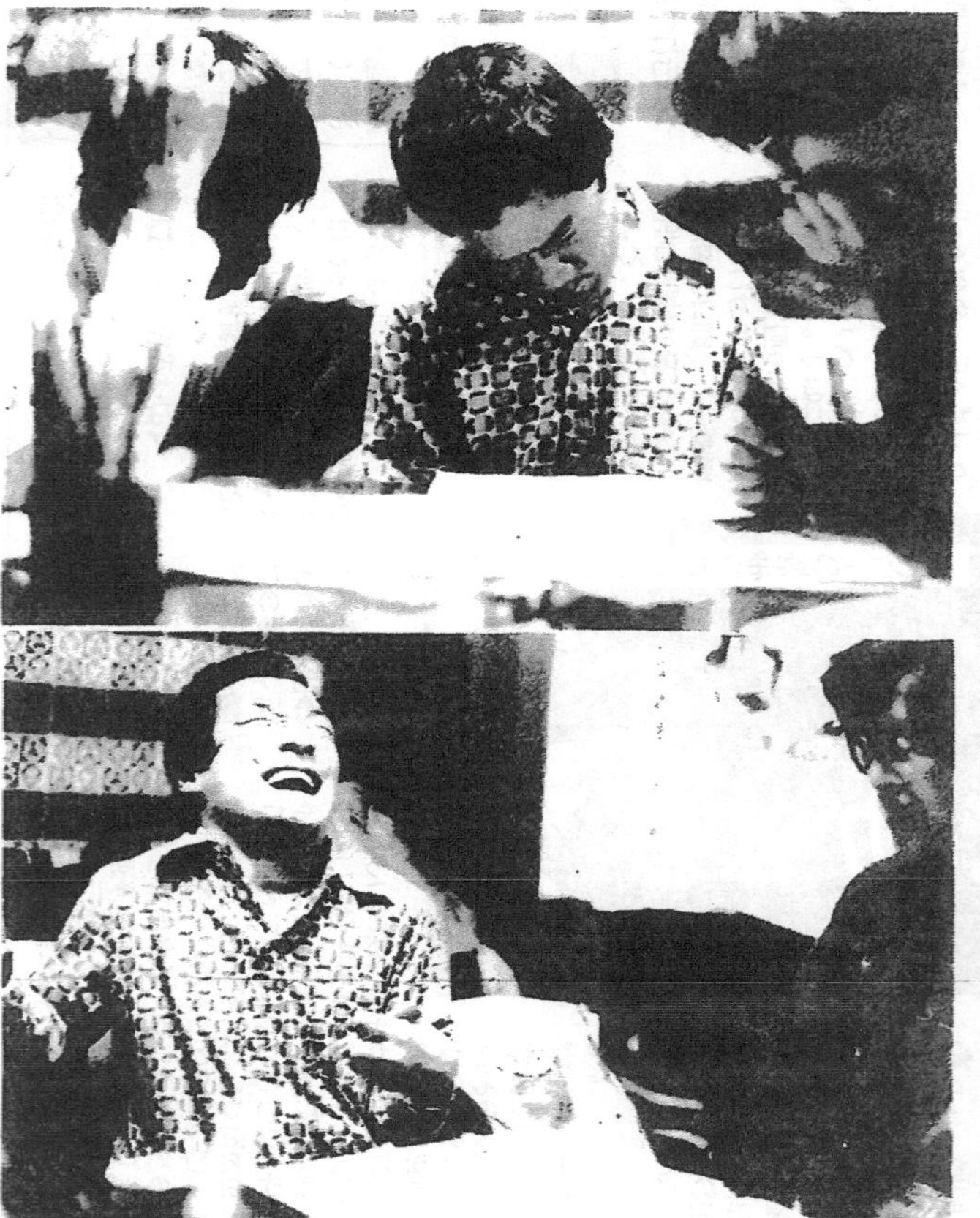

(写真上)「ウーンむつかしい」

(写真下)「できた できた！ ガハハハ…」

生きてゆくために必要なことを…

私は今までいろんな差別を受けてきました。私自身ほんとうに死にたくなった時もありました。でも私は人を差別をした事がなかったのでしょうか？ 私は私自身気づかぬところで人を差別してきました。部落の人達を差別し障害者を差別し、同じ混血を差別してきました。差別される者が、また人を差別する、こんな悲しい事が他にあるでしょうか。私の知っている人の中に「僕は差別されたが人を差別したことなんかない。」といい「日本人は朝鮮人を差別している。だから私は日本人が嫌いです。」といった人がいます。でもその人は、本当の意味で差別した事がないのでしょうか。自分の日々の生活の中で人を自分よりも下にに見た事はなかったのでしょうか？ 字を知らない人をバカと思った事はなかったでしょうか？ 汚い仕事をする人を汚いと思ったことはなかったでしょうか？

そんなことを考えながら私は、朝鮮語と日本語を習う事を決心し、私はRさんやSさんと一緒に今、学習会を生野の地でささやかながら始めました。

いろんな事情で中学もまともにいってない人や、中学を出ても字を知らない人や、自分が朝鮮人でありながら自覚を持てない人が、自分の知りたいこと、何故、朝鮮人が日本にいるのか、何故自分は勉強できなかったのかなどを皆んなでいっしょに学び合い話し合い考えています。

私達は決して自分達のしんどかったことやつらかったことを比べているのではありません。すべては何故なのか？というところから始まっています。

そしてこれから生きてくために必要なことをみんなで学んでいます。

もし、皆さんの回わりでそんな人を知っていたら是非教えて下さい。

また、どなたでも結こうですから、学習会に来て下さい。

ほんまにほんま

千円札おもてばなし

文　清水達也

「スープは音をたててズルズルと吸うのが正しいマナーである」とされる国では音をたてずにスープをのむと皆から白い眼でみられることでしょう。私達が日頃からなんの疑問も感じずに受け入れていることが他の人からみれば、ずいぶん常識はずれであることがたくさんあるのではないでしょうか。それがスープのマナーのようなものなら、習慣の違いは面白いといって笑ってすまされましょうが笑ってすまされないことも多々あるようです。

たとえば西ドイツで「なんといってもヒットラーは我国民にとって英雄だ」と紙へいにその肖像を刷り込んで使ったらユダヤ民族はどう思うでしょうか。もちろん、西ドイツではそんな非常識なことはしていません。

私達日本人の多くは、伊藤博文が印刷された千円札を平気で使っています。しかし、一番近い隣国である韓国・朝鮮の人々はそのことに平気でいられるでしょうか?

一九〇五年、「韓国保護条約」の締結をせまる伊藤博文のセリフです。

いわく「（この条約は）断ジテ動カス能ハザル帝国政府ノ確定議ナレバ今日ハ専ラ唯ダ陛下ノ（韓国皇帝ノ）御決心如何存スルノミ。之ヲ御承諾アルトモ又或ハ御拒ミアルトモ御勝手タリトイヘドモ若シ御拒ミ相成ランカ帝国政府ハ己ニ決心スル所アリ、其結果ハ果シテ那辺ニ達スベキカ蓋シ貴国ノ地位ハ此条約ヲ締結スヨリ以上ノ困難ナル境遇ニ坐シ一層不利益ナル結果ヲ覚悟セラレザルベカラズ」

いやはや恐れいったものです。ドスをちらつかせながら「断るんなら断ってみい！おおワレ、そのかわり、あとはどうなるかわかってるやろな！」ってなことをおっしゃるヤクザのおあにいさんもマケソーというものです。

このように伊藤博文は日本の朝鮮侵略の先頭に立った男であり、初代の朝鮮統監（後に総督という名になる）になった男です。当然のこととして彼は朝鮮民衆の憎悪のマトでした。ハルピン駅頭で彼を射殺した安重根（アン・ジュングン）は、現在でも、朝鮮では北、南を向わず、国民的英雄なのです。子供たちむけに彼の伝記が劇画にまでなっている偉人であります。有史以来、常に日本文化の先達であり、ヤマト朝廷は、百済（ペクチェ）や新羅（シルラ）の分家にすぎぬらしいと言われるくらいに関係の深い、一番近い隣国同志の国民の常識が、かたほうは千円札に印刷される"元勲"であり、かたほうは"国土を侵略した悪党の頭目"であるほどに違うのが、不幸ではありますが、現実です。

世界にむかって、とりわけアジアにむかって、侵略国であったことを深く反省して再出発したはずの日本なら、紙へいに伊藤博文など印刷することはどう考えてもやってはならないことだし、恥かしいことである。というのが、"日本人の普通の常識"であると思うのですが、どうでしょうか?

おしらせコーナー

・おならにぜひ、のせてほしい事やこんなことを知りたい、ということがあったら、教えて下さい。

・紙代、交通費などの値上がりで大ピンチ。かんぱをよろしく!!

シリーズ 国籍を考える

第一話 日本人と朝鮮人の結婚について

今年の夏、始めて海外旅行に行ったけれど、パスポートの申請手続きや、なんやかやと日本の外へ出るということは本当に面倒だなと思った。十六花弁の菊マークの入った日本国発行のパスポートをもらった時、あらためて、ああオレは日本国籍者なんだなと実感した。

日頃、ぼくらは国籍なんてもの意識することもないし、日本で生まれ、日本に住んでいるんだから日本人と自然に思っている。まずほとんどの日本人は国籍などと意識することはないと断言できるだろう。（昔、小林旭主演の、舞台は日本だが、エースのジョーとか、渡り鳥とか、なに人かわからんのが一杯出てくる国際色豊かな無国籍映画というのがはやったが— 余談）

ところが先日、ある日本人の女性の話を聞いて、関係ないでは済まされないこともあるんだなと思った。彼女の恋人が在日韓国人なんだという。両者とも結婚するつもりなんだけど、結婚後、彼女の国籍とか、子供のこととかどうなるのか全然わからへんという。もちろん好いたホレたの時に国籍のこととか真剣に考えてもみなかっただろう。しかし現実的な問題として、知りませんでしたでは済まないことだって出てくる。

また彼女の抱えている問題は、彼女一人にとどまらないはずだ。良し悪し、好むと好まざるは別として、現実問題として在日朝鮮人と日本人の結婚はこれから先、減少するどころか増加してゆくに違いない。今後、国籍にまつわる話題を数回に渡って連載したいと思ったのも、元はといえばそんなところがキッカケとなっている。

ところで彼女のケースだけど、夫が韓国人妻が日本人で法律婚（いわゆる婚姻届けを区役所へ出すやつ）の場合、韓国国籍法、第三条により妻になる日本人に韓国籍が付与される。（日本の場合は結婚によってどちらかの国籍が変わるということはないが韓国の場合、夫婦の国籍は同じを原則としているため）そして、六ヶ月以内に妻が日本国籍の離脱届けを出せば韓国籍となるがそのまま六ヶ月違っても放っておけば日本国籍のまま。

次に、もし妻が韓国籍を選択すればどうなるかみてみよう。まずそれまで日本人としてあたりまえのように享受してきた諸権利はなくなる。（選挙権、被選挙権や国民年金などの社会保障権）そして一般外国人と同じように在留資格が決定され、外国人登録手帳を常時、携帯しなくてはならなくなる。当然、退去強制（国外へ）も可能となってしまう。つまり、「純正」の日本人でありながら"国籍が変われば全く外国人として扱われるということなのだ。（このあたりまえのことは、ほとんど知られていない。）

あらら、紙数がつきてしまった。以下、子供の問題、認知の問題、このケースの逆の場合とか、朝鮮籍の場合とか、考えてみたいと思います。御期待！

（文・伊藤順）

読書

林竹二。教育の再生を求めて —湊川で起ったこと—

筑摩書房　一三〇〇円

現在の教育現場には教え切れない子ども達の不幸がある。授業についていけない子の切り捨て、塾に依存する受験競争、教室内外の暴力などについては勿論のこと、その生まれによって酷薄な生を生きることを強いられて、現在の教育からも見捨てられてきた者もいる。

これらの事態に対して、林竹二氏は、「学校教育における子供の不幸の根本は、子供達が感受性のかたまりというべき存在であるのに対して、これを教える教師が考えようもないくらい感受性を欠いている事実の中にある。」といい、教師に対する管理強化の事実、学校という組織体での仕事ということもあるが、やはり現実に、相当数の子どもが、当然のことのように切り捨てられるのは、直接的に授業の質の低さが問題であるという。

この本の中に収められている湊川高校は、神戸市長田区にある定時制高校で、その生徒の多くは、劣悪な条件の下で、筋肉労働に従がっている若年労働者達であり、小・中学校の教育を通じて切り捨てられてきた者が多い。林竹二（はやし・たけじ）氏が、この学校で行なった授業の結果、子ども達がしんどい自己の人生の事実に結びつけながら動き始め、息を吹き返したということが深く感じられる。

その生徒達の写真は、見ていて一瞬ハッとするきれいな顔である。これを、著者は授業によって「浄（きよ）められた」と言っている。授業という一つのきっかけがあって、人生の中で仮死状態にあった生徒達が、湊川の教育の中で自己を解き始めたという驚くべき報告書である。

（文・おおくま）

編集後記

★本面で紹介している猪飼野夜中で朝鮮語を習っている。日本語にない発音とか出てきて悪戦苦闘している。舌をくワワたり、離したりのどに力を入れたりなかなか思うようにいかない。

★不景気、不景気と言われながらも自民党支持率は、最高だとか。八一年も暗い年になるのを暗示しているような気がする。

★出かせぎ者・一ヵ月で五十五日分の労働をしているとか。同じ地方出身として胸のつまる思いがした。

★おならをつくりはじめて、三回目の冬を向えた。三・五ミリ四方のワクの中に字をうめていく作業にまだフーフーいってる。

★★★ 山下芽キャベツ ★

おなら

地域新聞
発行 おなら社
生野区新今里7丁目3の13
桜マンション505号 TEL.758-5058
28号
カンパ20エン・郵便振替 大阪53181

猪飼野の詩

今回は、ある夜間中学に養護の先生として勤務する女性に話を聞きました。右も左も判らぬ学校でたての若い先生が、夜間中学で何を見、何を感じたか、そのほんの一端を語ってもらいました。

文・M.H.さん
写真・大隅

夜間中学につとめて

ともかく、一人で独立したかった

私が猪飼野に住んだのは、それまで居た家からとにかく一刻も早く出たかったから。この家捜し以前に、二度朝鮮市場を歩いていた。一度は顔も知らない人を、住所と名前だけをたよりに地図を片手に歩いた。夕方で通りは賑わっていたけれど、私の顔は緊張と疲れで泣き出しそうな顔だっただろう。たよりの名前は朝鮮名のみ。その頃、朝鮮名だけで捜し出すことの難しさは聞かされていたけれど、なぜ本名以外の名前を持つのかわからないでいた。もちろん、朝鮮市場を歩いているなどとは頭にもなかった。それから二年程後、朝鮮市場へ行こうという友達に連れられて来た。オモニ学校をやっている聖和教会を教えてもらったり。この時は以前と全く違って、朝鮮人の生活のほんの一端でもいいから、自分の眼で確かめたいと、キョロキョロホーッと見たものだ。二度目から、あまり期間をあけずに、私は逃げ場捜しを始めなければならなくなった。「周りは朝鮮の人が多いけど、明るい部屋だから」という不動産屋の女将の言葉に「私の職場は朝鮮人が多いし、結構です。」って言ったけれど、これが精一杯のお返し。部屋を見た後、不動産屋まで帰る途中、市場の中で顔を知ったオモニを見つけた。それで、私の気持は決まったわけ。

夜間中学に就職して

私の職場は、一世のオモニ達が通って来る夜間中学。夜間中学なんて、生れて初めて聞く学校で、"平均年令四十才です(一九七六年当時)"などと説明されても、何のイメージも湧いてきようがなかった。とにかく就職できれば、どんな所でもいいと、大阪に出て来た。赴任早々の事。全職員の前で、健康診断票に生年月日の記入を依頼した。私なりに"この学校は、おっちゃん、おばちゃんばかりなんだから、年号は『明治・大正・昭和』としなきゃ。昼間の生徒とは違うんだから"と。すると、ある教師が「なんで西暦じゃアカンのや!?」と言う。何を言っているのかさっぱり意味がわからない。でも"彼は抗議してる"と感じて私は、「西暦でもいいです。」と答える。全てが万事こんな具合だった。それでも、まだ"夜間中学があるのはなぜ?" "朝鮮人が、ここに来ているのはなぜ?"と問い直してみる感覚がまるでなかった。

二年目。生徒が足を骨折した。彼女が医者を怒らせた。"石膏のギプスをはめないでほしい。だけど早く治してほしい。"と何度も頼むのだが、私は、ずいぶん無理な注文だとハラハラしていた。家へ送る車の中で、彼女が、誰に話しかけるのでもなく、吐き出すように言った。「なんで、こんな悪い事ばっかりなんやろ。今の仕事、やっと頼みこんでもろたのに。もう年やし、女やし、朝鮮人ゆうたら、他の仕事なんてくれへんワ。」と。この彼女の言葉が、私を離さない。私が、やっと"朝鮮人が日本にいるのはなぜ?" "朝鮮名で生きられないのはなぜ?"と思うようになった。そして、二十数年間私の中に「朝鮮」「朝鮮人」が、全然存在しなかったのはなぜ? と自分に向うてみる。

さまざまな出会いの中で

今、私の仕事部屋に生徒のAさんの絵がある。「今日は絵を描くんやったな」Aさんが水をくむ。私が画用紙を二枚。Aさんの細い指が赤い絵具をギュッとしぼり出す。グーと画用紙に顔を近づけ……位置が決ったらしい。スーと赤い線がのびていく。私は緑の絵具で。隣を見ると赤い箱ができあがっている。「何い? Aさん」「……」まだ内緒らしい。一枚の絵ができあがる。「自動車か!」と私。トントンと絵を指さして「観光バス」とAさん。"そうか。修学旅行の時のバスなんだ。"「富士山へ行った時のやな」と語り合う。一年程前までの私は、養護学校を卒業しているという偏見でAさんを切ってきた。だけど、一枚の絵の中にも、彼女の想いはいっぱいあり、ふたりとも体中で話し合うている。"あれ? こんなになにも簡単なもんか"という感覚。こんなところから、関係が出発していくんだなァ。

こんな作文がある。「いろがみで、にんげんをつくりました。こどもになって、あそびました。」これは五十才のオモニ。この図式『教える人、生徒=教えられる人。』で行くと「学校に来て、授業中に『遊びました』とは何ちゅうことか!」となるだろう。

学校って、わりと閉鎖的な場だと思うが、その中にもまた、こんな図式がある。でも、このオモニが、こんな図式を超えた時間を、確かに持ったんだと思うんだ。

「胃が痛いんです」と保健室に来る。彼女は去年も、そう言って来た事があったなァと「確か、仕事がすごうしんどいんやったなあ」と話し始める。仕事のことと職場のことと聞いていくと、昼食は立ったままかきこむだけの時間で、すぐ機械につく。人が辞めたのでと機械のスピードをあげたり、二台かけもちだったり。このオモニの痛みを引き起すものが、彼女一人にとどまらないのだが、「もうちょっと、ゆっくりできたらなァ」と、いっしょに下を向いてしまう。そして、少しはまだ、ものが言える職場にいる日本人の私と、胸の中に押し込めるしかないオモニとの距離を考えてしまう。

こんなあたりを抜け出せないでいる。

1981年,「おなら」も三年目に突入! 今年もよろしく!!

今年もよろしくネ!

▼二月四日は立春。旧暦でいえばいまごろが、ほんとうの年のかわりめ。おならも、旧暦の新年号とあいなりました。いいわけはともかく、新年号の発刊が、予定より一ケ月以上も遅れて申し訳ありません。

少々古い話ですが、今年の正月は、テレビで漫才ばかり見て、頭がどうかなりそうだった。「さあさあ、暗いことは忘れて、笑いましょう。」といった具合にどのチャンネルをまわしても寄席からの笑いは絶えなかった。三日目は「もういいわ」って感じだった。「笑うかどには福が来る」ということかも知れないが、笑ってばかりもいられない。正月からの新聞を読むと、親殺し、母子心中、身障の兄弟を母親が殺す、という悲惨な事件が続いている。「笑うかどには不幸がくる」ということばがピッタリだ。

▼今年は増税の年だとかで、私らの少ない給料も手元に残るのはわずかになりそうだ。これからも、バス代、医療費値上げと、値上げが待ってるぜ、というぐあいである。

▼「おなら」も三年目。年をとるにつれて成長しなくてはと思いつつもまだまだ不充分です。皆様のご支援、引き続きおねがいします!

(南州マサヨ)

おならの読者のみなさんに、ぜひ一度読んで欲しい記事があるので、紹介します。（清水達也）

「民衆の喊声、民族の絶叫」というイカメシイ名前の雑誌の才3号にその記事はのっています。この雑誌はB5版一〇〇ページほどの冊子ですが、その三四ページから七六ページまで、つまりこの雑誌の半分近くの量をしめる「人間として」と題したドキュメンタリーがそれです。

瀬戸内海にある「長島愛生園」というハンセン氏病の療養所をおとずれたこの雑誌の編集部の人と二人の患者さんとの対談の記録です。

三十年以上もこの島で療養生活を送り、その過程で、余人には想像しがたい、友情というような一言では言い現らわせぬようなきずなで結ばれた日本人と在日朝鮮人の二人のハンセン氏病患者が、あるときは熱っぽく、そしてあるときは楽しそうに(!)戦前から戦後にかけた日本のハンセン氏病患者たちの実情を、赤裸々に語ります。

☆　☆　☆

私たちのまわりには、さまざまな差別がいまなおガンコに存在しています。男女差別・人種差別、民族差別、部落差別、障害者差別、等々……。また、これらの差別を廃絶しようとする運動が近年は一段と強くさけばれています。しかし、ハンセン氏病に対する無知と偏見に満ち満ちた強い差別に対する闘いは、これら反差別の運動のたかまりの中で、いちじるしく取り残こされてはいないでしょうか？

ハンセン氏病は、もともと感染力は非常に弱い病気であり、（現在では感染の恐れは無いといわれる）また医薬の発達で、万一発病しても完全に治ゆされ、結核どころか風邪よりも害のない病気なのです。事実そのため愛生園でも、この二十年ほどは新しい患者が全くないために、職員は首切り反対斗争をやらねばならぬほどだといったことがユーモラスに語られています。

しかし、病気そのものの実害は全くないのに、無知と偏見による人々の差別のみによって、患者の"人間として"の全てをこなごなにブチのめしてしまうのがハンセン氏病への差別です。

☆　☆　☆

患者の一人、秋（チュ）さんは言う。

「あなたは社会人でしょ。人を殺してどんな刑を受けても、二〇年しても、三〇年しても、社会復帰出来ます。一族も二族もあげられる。ところが私たちは人を殺したことも罪を犯したこともない、けれども、一生ここで罪人扱いされて、毎日毎日が圧迫の壁や。」

そしてさらに、こうも言う。

「私からいえばあなた（座談会の司会をしているこの雑誌の編集者をさす）は大きな罪を犯したね。罪を犯した意味がわかりますか。そっとして欲しいということです。自慢できる話はわれわれにはないからね。話をするとなると、すぐ悲しくなります。悲しみのベールの中に入ってしまいます。悲しみではなくて、楽しい想い出深い、面白おかしい、そういう話もきかして下さいとあなたもいわれたけど、あまりにも人生そのものが暗いがために、それがすぐに消えてしまいます。」

☆　☆　☆

だが、しかし、「あなたは罪を犯したね」というような言葉を聞き手の側にぶつけ、まさにそれを活字にしていく聞き手の側。ここに、このドキュメントが安直なインタビューから出来あがったものでないことが見事に浮びあがっています。

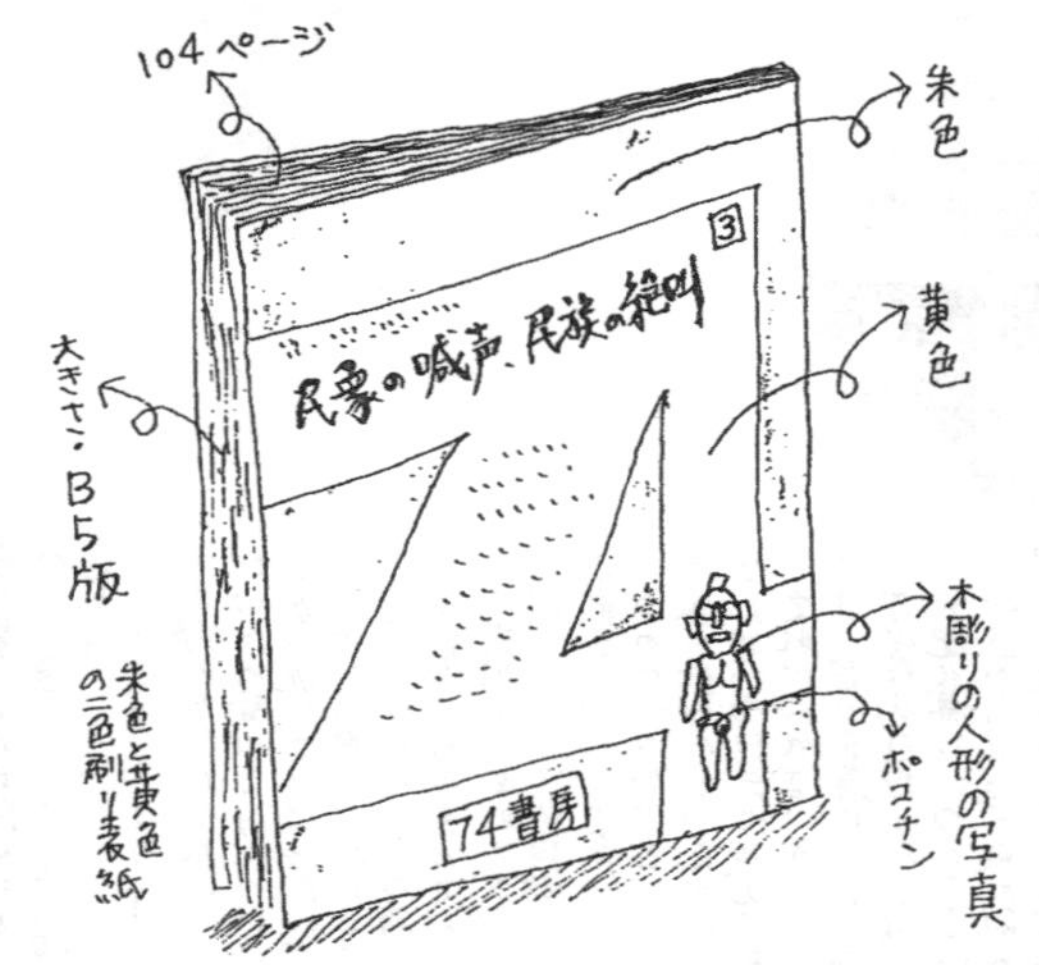

104ページ
朱色
黄色
3
民衆の喊声、民族の絶叫
大きさ：B5版
朱色と黄色の二色刷り表紙
木彫りの人形の写真
ポコチン
74書房

そして、二人の患者さんとの長い語らいのあと、最後にチュさんは次のように言います。

「私は、この話が読者にどのように受けとめられるのか非常に関心を持っています。」と。

どのように受けとめるかどうかは、まずは読んでからでなければ話にはなりません。

実は、私はこの雑誌の才3号を読んでの感想文を書こうと思ったのでした。おせじをいっても仕方のないことなので、どしどし批判してやろうと思って読んだのです。しかし、この「人間として」の座談会を読み終ったとき、この座談会の記録を一人でも多くのひとに読んで欲しい、という訴えに似た気持が湧きました。ハンセン氏病患者に視点をすえた反差別の文章が、私たちのまわりにはほとんど見当らない現状では、この記録は貴重なものだと思うのです。

☆　☆

私たちはハンセン氏病に対する無知と、長いあいだの強い偏見から、この病気の患者が"人間として生きる"ことをおしつぶしてきました。

去年の十月はじめ、園田厚生大臣は、「もはや、強制収容する必要はない」ことのあかしとして、長島と対岸とに橋をかけることを約束しました。政府も「はなれ小島に隔離することなんて、ハンセン氏病には全然必要のないこと」は、よくよく判っているのです。あるのは私たちの心に巣くう、無知と偏見による根強い差別だけです。私たちはその心をうちくだき、心と心に本当の橋を架けなければならないと思います。

みなさん、是非、読んで下さい！

「民衆の喊声、民族の絶叫」No.3
頒価 800円
(〒200円)
〒544 大阪市生野区
生野郵便局私書箱63号
74書房

（本を入手したい方はおなら社へ連絡して下さってても結構です。）

☆☆ この雑誌はこれで3号目です。生野区内に住む在日朝鮮人二世の青年（もう中年かな？）が中心となって、ごく少人数のしんどいなかで頑張り続けています。このハンセン氏病についてのことは、あともどりの出来ない問題として、今後も引き続いてこの雑誌で取り組んでいくつもりだと、この青（中）年は語っています。多くの人々の強い支援のあらんことを祈ります。

「民衆の喊声、民族の絶叫」によせて

鶴見俊輔

多い・少ないという区別を、私たちはこどものころにおぼえるのだが、その区別を政治の領域に使いすぎたような気がする。

多い人数のほうは、少ない人数のほうの人よりいつも重んじられなくてはならないのか。

少ない人数のほうは、いつも、かろんじられなくてはならないのか。

そういううたがいが、「民衆の喊声、民族の絶叫」の編集者の心の底にあって、日本の中の少数者である在日朝鮮人に、日本の少数者の中の少数者である癩療養所内の在日朝鮮人に眼をむけた。

「あと五十年もすれば日本から癩はなくなるであろうし、秋（チュ）さんもいなくなる。しかし、秋（チュ）さん、泉谷さん、そして愛生園やその他の療養所で、三十年、四十年と生きてきた人たちのあった事実を決して忘れてはならない。日本人の責任としても何とか記録として残しておかねばならないと感じる。」（3号）

座談会のあとにつけられたこのあとがきを読んで、ここに熱烈な編集者魂を感じた。

（評論家）

（'74書房発行のパンフより転載しました。）

おなら社が新しい住所になりました！

—伊藤順一—

四年前、住んでた京都を引き払い、大阪へ去っていった女性を追い、後にぼくは彼女と今里に住んだ。金もなく力もなく、彼女が新しい職場で得た、夏のボーナスのみをあてに安アパートを捜した。見つけたところは近鉄電車の今里駅近くのガード下の倉庫の二階。ジメジメと湿気が多く、陽さえ入らずフトンも結局一度も日光ぼしすることの出来なかった部屋。一日中、電車が頭上を走り、日がたつにつれ、ああれは奈良行き特急だとか、音と振動で見分けられるようになった部屋。

今思うと、よくこんな部屋に三年半も住んでたなあと思うけど、私と彼女にとって一生忘れることの出来ないものだ。なぜなら、ここでの生活が在日朝鮮人問題に眼を開く大きなキッカケをつくったのだし、「おなら」を始めるにあたって、まさに前進基地だったのだから。

'81を向かえて、魔がさしたというか、私と彼女はいわゆる正規に結婚しました。

小雨降る冬の土旺日、私と彼女の親しい友人の名前の三文判を三〇〇円かで二本買い（婚いん届けには二人の保証人がいるのです。）彼女は小雨の中を自転車に乗って区役所へ行った。

私と彼女の結婚にはゴーカなウェディングドレスも、ケーキカットもヒローエンも無縁だ。どんなに金をかけた虚飾よりも、小雨の土旺日、自転車にヒョイと乗って区役所へ走っていった妻の姿が一生忘れることなく眼にやきついている——そのことが私にとっての、なにものにも変えようのない祝福だった。

と同時に、また魔がさしたというか、住みなれたガード下を引きはらい、さくらマンションという（どんなゴーカなマンションかと思うでしょう?:）ところに転居した。

つまり、おなら社も自動的にさくらマンションに移ったのです。

「おなら」も満三年を目前にしています。やっとここまで来たなという思いと、とうとうここまで来てしまったのかという思いが重なりあっている。何を書いているのかわからなくなってきたけど、ともかくも精鋭メンバー一同、心機一転、今年もやります。よろしく——。

新住所
大阪市生野区新今里七丁目3-13
さくらマンション505 伊藤方
おなら社 (06)七五八・五〇五八

猪飼野の詩

文・写真　伊藤順

時の流れのように、ゆうゆうと流れる川。しかし、川が、しゃべることが出来たら、こんな話しが聞けるんじゃないだろうか。

おなら
地域新聞
発行
おなら社
生野区新今里7丁目3-13
さくらマンション505号　TEL.758-5058
29号
カンパ20円・郵便振替 大阪53181

かって、山や川や海というものは、私たち人間の生命と暮らしに大きく関わりを持っていた。

もちろん現在でもそうなんだろうが、どうも想像しにくい。たとえば一昔前なら川は、飲み水や、洗濯や、田んぼの用水として具体的に眼に見え、手にふれるかたちで、私たちの暮らしとつきあっていたと思う。

私たちの住む生野区にも、平野川、平野川分水路（城東運河）、駒川、今川など幾つかの川がある。が、果して、あの平野川にしても、私たちの暮らしにとって、とても大切なものだと想像できるだろうか。それよりも、「汚ないドブ川や。あんな川、埋めてもうたらええんや。雨降ったらあふれるし、メタンガスわいとるし……」と、まあ、こんな感想が先に口をついて出てくるような気がする。それだけ平野川と自分たちの暮らしとの関わりというものが私を含めて、全くといっていい程見えていないと言える。

平野川を流れる水に、もし口がきける奴がいたら聞いてみたらいい。「あんた、どこから流れてきはったんや？」

しゃべる水は、今にも死にそうな顔つきであえぎながら、こう答えるに違いない。「琵琶湖から来ましてん」と。

平野川の、あのメタンガス、ゴミまじりの水がどうして琵琶湖から……？。果してこれを合格点で説明できる生野住民は何人いるのだろうか。と、エラそうに言っている私も知らなかったわけで、生野区に長く住んでいるH氏に教えてもらった。

それによれば、まず、琵琶湖から流れる水は、淀川を通り、庭窪浄水場に来る。そこで化学的処理がなされ、巽配水場に来る。（巽配水場というところは大切なところで、生野区のみならず東大阪の一部や、平野・浪花、天王寺、南区などにも水を送っている）そして、巽配水場から私たち家庭の蛇口にくるわけだ。そこで仮りに、私が、トイレにてオシッコをし、水を流すとその水は下水道を通って生野区北部なら中浜浄水場へ、生野区南部なら平野浄水場へ行き、そこで、才一次、才二次浄水がなされる。（もちろん、飲める程きれいな水ではない）その才二次浄水された水は生野区を流れている今川の上流である湯里から今川へと排水される。

どんどこ、どんどこと今川は流れ、林寺四丁目の鳴戸橋のところで駒川と合流し、数十メートル先ですぐまた平野川に合流する。もちろん、そのあとは寝屋川へと流れ、大阪湾へと旅立つ。

しゃべる水が答えたように、確かに平野川を流れる水は琵琶湖から来たわけだ。

この平野川は　とっくに　死んでいます　大阪湾を経て　瀬戸内海に通しています　二十年前までは、鯉や鮒が網ですくえたものです　今日の平野川には　一尾の魚も住んでいません　金魚を放つと　十分以内に死にます

何故でしょう　水の性質が一変したからです　この平野川の水は　山間のせゝらぎのような　天然　自然の清水とは　天と地の違いかあります

有毒化学物質　有毒有機汚物　加うるに固形廃棄物で一ぱいです　汚臭と汚色の　この水は　万年筆に入れたら　臭い字か書けそうです

このまゝ　放置すると　十年後には　瀬戸内海は　平野川と同じ水質の池になり　明石鯛を食べることは出来なくなるでしょう　その前兆として　すでに瀬戸内海に　化け物魚族か発生し始めています　瀬戸内海の魚族の全滅は　日本民族の絶滅を意味します

皆さん!!　この平野川を　先ず美しくして　魚族が住めるようにしましょう　丁度　テムズ河に鱒かのぼってくるように

昭和四十七年元旦

赤十字奉仕団
猪飼野東八町団
猪飼野中八町団

（写真のこの看板は大池橋のところにかかっています）

もう分かっていただけたと思う。生野区に住む私たちにとっていかに平野川（城東運河も同じく）がなくてはならないものかということが。私たちのいのちとくらしの関わりにおいてなくてはならない川なのだ。ましてや埋めたりすればどうなることか。

現在、御存知のように、平野川および平野川分水路は一部だが改修工事が始められている。今、行なっている工事は、川の両側にズラーと鉄板を入れ、それが完了の後、川底を2メートル程掘り下げ、ゴミをさらえ、よどみをなくし、今よりも水量、水速を増し、少しでも昔の平野川（コイやフナの泳いでいた）に近付けようとすることらしい。

川沿いに住んでる人ならなおさらのこと、誰だって、現在の死んだような平野川を何とか生き返らさねばならないと思っているに違いない。しかしながら工事は着工されたといってもまだほんの序の口であり、実際のところ完成予定の昭和六十一年までに出来るかどうかはなはだ疑問だと聞く。

この話しをしてくれたH氏もそのことは語っておられた。毎年、雨の多い六月七月になると注意報が出され、平野川にしろ、城東運河にしろ水があふれる。H氏の家も毎年浸水し、ひどい時は畳を越えるという。

ヘドロの堆積でしかないような平野川でも大阪湾の潮の満ち引きで川の流れが変わるという。つまり、私たちのいのちと同じように川も生きているということを、私たちは知る必要がある。

本当に平野川にコイやフナが泳ぐ日が来るのだろうか。

□□□□□□□□□□□□□□□□

淀川
寝屋川
大阪湾
平野川
猪飼野
駒川
今川
湯里
(わかりにくい地図やなあ)

ほんまにほんま (清水達也)

白い茶碗をたたいてみれば
朝鮮文化の音がする
。。。。。。。。。。。。。。。。。。。。

◇「せともの」と文禄・慶長の役◇

毎日、朝昼晩三度の食事に、いや何か物を食べる時にはいつも私たちのそばにある、一番身近かな日用品、「せともの」。白い、硬い、床に落すとチャリン！といって割れるウツワ。

実は、日本でこの「せともの」を創りだした人たちはすべて、豊臣秀吉の起こした朝鮮侵略の戦争、文禄・慶長の役のときに日本へ連れてこられた朝鮮の陶工たちなのです。この文禄・慶長の役は、日本では「秀吉の朝鮮征伐」などと平気でいわれ、教科書にさえそのように書かれています。日朝関係史はすべてそうですが、文禄・慶長の役に関しても今まであまりにもゆがんだかたちでしか、日本人は知らされておらず、「降倭」、京都の「耳塚」、李舜臣の話しなど、たくさんの「ほんまのほんま」があるのですが、今回はヤキモノに限ってのほんまのほんま話しを紹介します。

有田焼

有田といえば、私たちはすぐに、あの赤絵で有名な「陶工柿エ門」の話しを思い出します。彼はたしかに有田焼の名匠ではありましたが、有田焼の創始者ではありません。有田焼の祖は、朝鮮人李参平という人です。彼は、文禄・慶長の役のとき、侵略軍の将校の一人であった鍋島藩主、鍋島直茂によって強制連行されてきた一人でした。李参平は、まだ陶器しかなかったその頃の日本で、初めて磁器をつくりだしたのでした。これは大変なことでした。この李参平を中心とした朝鮮人陶工のつくりだした美しいやきものに、鍋島藩の財政は大きく頼ることとなりました。当然、他の藩からは、今でいう産業スパイが潜入して、何とかこの素晴らしい技術を盗もうとヤッキになりました。これにゴウをにやした鍋島藩は、藩内四十ケ所にものぼった窯を十三ケ所に整理統合し、「朝鮮人にあらざる者八百二十六人を追放」という強硬措置をとりました。しかし、これがウラメに出て、追放された日本人の陶工達を他藩は待ってましたとばかり引き取り、九谷焼、会津焼、瀬戸焼、清水焼などの各地の陶業に、この李参平らの持ってきた朝鮮伝来の「有田焼の秘法」が流出して、現在みられる美しい陶磁器が日本各地で産出されるようになりました。

苗代川焼の窯元

(写真は、「日本の陶磁 14 民窯」三宅忠一著より)

薩摩焼

文禄・慶長の役に出兵した島津藩もやはり、両班（ヤンバン：李朝朝鮮の貴族）、陶工、染物工、医師などおびただしい数の朝鮮人を強制連行しましたが、これらの人々のうち、陶工たちが苦難の末、鹿児島県の苗代川にたどりついて陶業を始めたのが薩摩焼のはじまりで、司馬遼太郎の作品「故郷忘じがたく候」などで紹介され、テレビでも放映された薩摩焼の陶匠、沈寿官（チン・ズカン）さんは彼らの子孫の一人です。

高取焼（福岡）

高取焼直系十一代目の高取静山女史は一九七三年五月、韓国のソウルで個展を開きました。このとき彼女は、三百八十年前に彼女の先祖八山（パルサン）の妻シラトも着ていたであろうチマ・チョゴリに身をかためて玄海灘をわたりました。

彼女の先祖八山、シラト夫妻は李朝の官陶の工人でした。それを文禄・慶長の役のおり、福岡藩主、黒田長政が日本へ連れ去ったのです。陶芸家高取静山女史は、いま韓国から少年たちを招いて陶芸家を養成しています。この少年たちが始祖八山の魂と技術を抱いて再び玄海灘をわたる日を祈りつつ。

萩焼

日本の茶道にとって、なくてはならない萩焼。この萩焼の始祖も、文禄・慶長の役のときに、毛利輝元によって朝鮮から連れてこられた李勺光・李敬兄弟の二人です。兄の勺光は連行後すぐに大阪の秀吉に一度差し出されたほどの高名な陶人であったといいます。この李兄弟も苦難の末、いまの萩焼をつくりあげました。とくに、兄の勺光の後半生は不遇であったといわれます。

。。。。。。。。。。。。。。

このように、有田焼の李参平、薩摩焼の沈当吉、福岡・高取焼の八山・シラト夫妻、萩焼の李勺光・李敬兄弟、佐賀焼の洪浩然など、日本の伝統芸術といわれる美しい陶磁器をつくりだした始祖はすべて文禄・慶長の役のとき、無理やり日本に連行された朝鮮の陶工たちなのです。

このことは、彼らが、当時の日本の陶業より段違いの、いかに高い技術をもった人々であったかがうかがい知れます。と同時に、現在、日本人の多くが日本の伝統芸術だと思っている日本の陶磁器文化も実は、秀吉の朝鮮侵略により強制連行された朝鮮の陶工たちによって創りだされたんだという事実を、私たちは知らなければならないと思います。

（吉留路樹著「秀吉の爪跡・生きている文禄・慶長の役」二月社刊を参照しました）

あなたの
投稿かんげい
します！

こんなことを書いたら？というご意見もどうぞ寄せて下さい。

「ハンセン氏病」という言い方について

前号で、「民衆の喊声、民族の絶叫」という雑誌にのっているライの療養所の元患者さんの座談会の記事を紹介しました。その際、「ライ」という言葉は一言も使わず、「ハンセン氏病」で統一しました。この雑誌の編集者のCさんからすぐ電話があって、『記事を読みました。『ライ』という言葉が一字も出てこないですね。この記事を書いた人のライに対する意識が如実にあらわれていますよ。』と指摘されたのです。

いわゆる〝差別用語〟といわれる言葉をマスコミなどが自主規制して、差別に対して闘かうという前向きの姿勢ではなく、ただ用心して（何に用心するのか！）言葉だけを避けて通るやり方にいきどおりを感じていたのですが、そのように思っているのに、ライをライと書かずに「ハンセン氏病」で統一してしまったのです。〖『ハンセン氏病』という表記は、一九五二年に患者の組織である全患協の支部長会議で八項目の請願事項をまとめましたが、そのうちの一つに、「この際、『ライ』の名称を廃し、『ハンセン氏病』と改める』という項目があります。〗

□□□□□□□□□□□□□□

この「おなら」の記事を読んだある女性から『『ハンセン氏病』って、なんのことや分からんかった。』と言われたとき、私はガク然としました。『いったい、私は何を書いたんだろう』と思いました。

ライと言ったり、書いたりすることは、ライ者への差別ではないのかと、「ハンセン氏病」で統一したことが、たいへんな間違いであったわけです。

□□□□□□□□□□□□□□□□□□□□

ただ差別用語だから避けて通る、ということは時には差別になるわけです。たとえ、それが差別用語であっても、時と場合によっては、その言葉をちゃんと使わないと、『クサイものにはフタ』、『サワラぬ神にタタリなし』といった、差別者の論理が、逆に顔を出すことになるのです。

おなら社一同

深く、自己批判します。

編集後記

☆次号にて、おならも30号となり、一区切りをつける意味もあり、1号から30号までまとめた合本を作ります。（一部900円の予定）合本を希望される方、連絡をお待ちしています。

☆おなら社の下の階へ引越してきました。3月より2人で生活しています。私事ばかりで申し訳ないですが、4月より、卒業までに半数の生徒がやめていくという工業高校の定時制に、講師として一年間勤めます。

今回の原稿清書の担当でしたが、小さい文字には苦労しました。(オオクマ)

☆難民条約への加入とそれに併なう社会保障に関係する法の改正という問題。とりあえずも一歩前進と思います。(オオクマ)

朝鮮料理 ア・ラ・カルト

イカ フェー

在日2世のオモニ（お母さん）にイカのフェー（刺身）のつくり方を教わりました。たいがい、目分量でつくるとのことで、正確な分量は書けませんが、自分の好みにあわせて、つくってみて下さい。

材料
- 剣先いか（おつくり用）
  ※もんごいかでもいい
- ダイコン
- 菊菜
- （コチジャン ミソ）
  - コチジャン 2：白みそ 1
  - 砂糖　少々
  - みりん　2：お酒 1
  - うす口しょう油　少々
  - しょうが　少々
  - ニンニク　1片
  - すりごま

コチジャンは、朝鮮市場へ行けば、簡単に手に入ります。酒の肴には最高だし、ちょっと疲れたときなんか元気がでますヨ。

。。。。。。。。。。。。。。。。。。。。。。。。。。。。。。。。

"コチジャン ミソ"とかってに書きましたが左記分量のものをまぜ合わせます。あと、ダイコンやきゅうりは線切りにして水気を切っておき、食べる直前に、コチジャンミソと野菜、イカをあえます。

皿に菊菜を敷いて、あえたものを盛りつけます。

青い菊菜と赤いコチジャン、色彩的にも食欲をそそるフェー！是非つくってみて下さい。

（文・芽キャベツ）

おなら

地域新聞
発行
おなら社
大阪市生野区新今里7丁目3-13
さくらマンション505号
TEL.06-758-5058
カンパ¥20　30号

猪飼野の詩

文・写真とも 金正坤（キム チョンゴン）

娘の子守に想うこと

筆者の金正坤さんは、長崎県対馬生れ。現在、東京に住んでおられ、カメラマンとして活動されており、「在日」ということに、コンテンポラリーな視点でせまる、写真誌「風・パラム」を発行されています。このたび「おなら」に「娘の子守に想うこと」という文をお寄せ下さったので、「猪飼野の詩」の最終回を飾っていただくことにしました。

我が家には「おかあしゃーん、おかあしゃーん」と、母親の後を追いかけ回す娘がいる。名前を「里蘭（リラン）」といい、私（韓国籍）と連れ合い（日本籍）との間に生れたこの娘は、日本の国籍法（父系優先血統主義（注1））により、韓国籍となった。

この娘は母親にかまってもらえないとなると、私のわずらわし気な態度をものともせず、ふすまの向から顔をのぞかせ、「散歩ー、散歩ー」と騒ぐのである。

時折、この誘いに負け、娘の後をついてゆくと、きまって近くの公園にたどりつく。公園ではスベリ台から遊びが始まるが、私ははしばしば　昇る娘のお尻をささえることになる。

スベリ台を満喫した頃には、「ブランコー」となるので、仕方なく落ちないようにと娘の前後に手を差し出し、ブランコと共に揺れ動く――。

しばらくして、ブランコにあきる頃を見計らい、「さあー、帰ろ」と声をかければ、この娘、「イヤー」といいながらブランコの鎖を握りしめ、離さないのである。

このような日々が続く中で、ふと娘が生まれた頃の出来事が甦って来ることがある。それは、生れた時、二六〇〇g（未熟児寸前）だった為、無事育つかと心配したこと――。

そして、生れた翌日より二週間以内に行わなければならない「出生届」と、「外国人登録証明書」（以下、「外登」と略す）（注2）申請のために、何度も区役所に通ったこと！。

又、この「外登」申請の際には、同時に「協定永住権」（在留資格）（注3）はどうするかと聞かれ、"本人が成人した時に、本人に決めさせたい"むねを告げるが、生後六〇日以内に親が決めなければならないといわれ、悩んだことなどが――。

「協定永住権」と「国籍法」とは、同一に語ることは出来ないかも知れないが、いずれの場合にも感じたことは、"成人した時点での本人の意志が尊重されていない"ことである。

〈私が娘の人生を生きるのではなく、娘が私の人生を生きるのでもない。互いが互いの人生を、一人の人間として生きるのである〉

娘の生れた頃の出来事を振り返りながら、一方で先日、私自身が体験した金（キム）（在日韓国人）ゆえのアパート入居拒否を考える時、娘の今後に不安を覚えるのである。

このような不安が私の脳裏をかすめると、娘が生れる前に連れ合いと話した言葉を思い出す。"生れた子供が生きる中で、さまざまな差別を受けた時、そのことにより他人の傷みを感じることの出来る子に"が。

そのためには、まず私達夫婦の日々の中での実践が必要なのであろう。が、しかし、わずらわしい日々とイライラの日々も続くようである。

（注1）、血統主義のなかには、自国民である父からだけの国籍継承を認め、母からは内縁関係から生れた子（非嫡出子）のみに国籍を認める父系優先血統主義（韓国・オランダ・イタリアなど）と、父または母のどちらか一方が自国民であれば、子に国籍を認める父母平等血統主義（社会主義国、西ドイツ、フランス、スウェーデンなど）の二つがあるが、日本は前者の父系優先血統主義をとっている。

日本の国籍法が父系優先血統主義をとるのは、在日韓国・朝鮮人男性と日本人女性との間に生まれる二重国籍者を避けるためである。（「国籍法改正と在日朝鮮人」『季刊三千里』二十四号参照）

（注2）、一九五二年四月二十八日に施行された「外登法」により、日本に住む外国人のすべてに、登録及び切替申請が義務ずけられている。又、十四歳になると、指紋と写真が必要となり、本人自身による常時携帯義務もある。「外登」申請及び、常時携帯義務に違反すると、「一年以下の懲役若しくは禁固又は三万円以下の罰金（十八条①）となる。（生れた子の「外登」申請違反対象者は親）

（注3）、一九六五年締結の韓日法的地位協定で新たに設けられた在留資格が「協定永住権」である。協定永住権は「大韓民国（韓国）の国民」であることを大前提としたうえで、㈠、一九四五年八月十五日以前から引き続き、日本に在留しているもの。㈡、上記該当者の直系卑属で、一九四五年八月十六日以降一九七一年一月十六日（協定永住権申請期限）までに日本で生れ、永住申請まで引き続き日本に在留している者。㈢、㈠と㈡に該当して協定永住権を与えられた者の子（一代限り）で一九七一年一月十七日以降に日本で生れ、六〇日以内に申請した者、以上については入管令四条の一般永住とは別のある程度の優遇措置のもとで永住を認める、というものである。（「韓国籍の子供を持って」『パラム』二号を参照）

金正坤（キム・チョンゴン）・写真家・一九四八年長崎県対馬生れ　33才

ほんまのほんま（おしまい話）
国籍と人権　清水達也

ガンちゃん元気にしてるか？
加藤ヨメハン見せえ！
タカトリミイラになってんのか
ガンバレよ

世界の他の国々の人と日本人とでは考え方が違うものに、「国籍」の考え方があるようです。在日朝鮮人二世の若い母親はこう語ります。「私も二世やしね。母国の言葉もしゃべれないし、だんだん自分のなかから民族性がなくなっていくんちゃうかという気があります。それで子供にはね、『おまえは韓国人なんやで』というてきかせますねん。そやけど子供は『ちゃう。ぼくは日本人や。日本で生れたから日本人やないか』いいますねん。歴史のことなんかいうたってまだわからへんしね。」

★★★　この坊やの感覚こそが、ごく普通の感覚で、事実、現在、世界の国々のなかで、「出生地主義」の国籍の考え方をとっている国々が少からずあります。皮フの色が違おうが、どこからやって来た人であろうが、日本でオギャと生れれば皆日本国籍を有するんだという考え方です。一面の記事で金正坤さんもふれているように、日本は血統主義のおまけに父親の血統主義をとっていますから、いくら本人が望んでも、日本で生れ、日本で育ち、しかもおかあさんは日本人であるような人でも父親が外国籍であるということだけで日本国籍が取れないというケッタイなことになっています。

★★★　日本人には国籍と市民権の区別の観念があまりありません。日本では国籍と市民権とはほとんど同じに考えられています。ですから、よけいにこの国籍のことはよく考えてみなければなりません。なぜかというと、一方的国籍のハク奪ということをやって、在日朝鮮人の市民権を奪ったからです。

★★★　戦前、日本は朝鮮と台湾を植民地化し、朝鮮人と台湾人に無理矢理日本国籍をおしつけました。「おなら」紙上で何度もふれましたが、この過酷な植民地支配の結果、日本へ流浪して来ざるを得なかった人々が沢山生まれました。とくに太平洋戦争末期には〝徴用〟という名の強制連行で百万人を超える朝鮮人が、会社へ出勤の途上とか、畑で野良仕事の際中とかに、着のみ着のままで日本へ連れてこられました。一九四五年八月十五日、敗戦の日、このようにして在日していた朝鮮人は約二四〇万人にも達していました。もちろん彼らは、一日たりとて忘れることのなかったであろう故郷へ続々と帰国をはじめました。しかし、一九一〇年「併合」という、三十六年間の長きにわたる植民地支配は、日本にしか生きてゆく基盤のなくなっていた朝鮮人を多数生みました。こうして現在、ひとくちに六十五万とも七十五万ともいわれる在日朝鮮人が日本に存在しているわけです。

★★★　ヒットラーがオーストリアを併合しましたが、戦後のドイツは当然の処遇として、オーストリア人に対して、「こちらが一方的におしつけた国籍であり、それによって生ずる種々の問題は、いつにかかってドイツにある。ドイツ在住のオーストリアの人々は、あなたたちの自由意志のみにより、国籍の選択ができる」という処遇をしました。考えてみればあたりまえのことです。

★★★　しかし、残念ながら、日本は、きわめて非人道的戦後処理を、在日朝鮮人に対して行いました。日本の一方的侵略、その結果として、少数民族として日本という異国に永住せざるを得なくなった民族、この人々に対し、日本はその人たちの意志を全く無視して、一方的に国籍をハク奪し、根本的には、アメリカ人やイギリス人等の外国人と全く同じに扱っているのが、現状です。

★★★　このような歴史のなかで、日本には大和民族だけでなく、アイヌ民族や琉球民族とともに、朝鮮民族もまた日本国を構成する民族として存在するのです。しかし、多くの日本人は、日本は単一民族国家だと思っています。つまり、日本人の頭のなかにある日本人とは、日本語を話し日本国籍を持っている日本人のイメージしかなく、例えば、朝鮮籍・韓国籍を持ち、チマチョゴリを着て朝鮮語をしゃべる〝日本人〟という像は浮んではこないのではないでしょうか。誤解なきように願いたいのですが、在日朝鮮人は、（当然すぎる権利として）日本人と全く同等の権利を有するところの外国民族なのです。先年、高見山が日本に帰化した記事がマスコミをにぎわしましたが、日本の法律は〝異民族である日本人〟を認めようとはしません。彼は帰化のために「ジェシー・クハウアル」という名を強制的に「渡辺大五郎」に〝創氏改名〟させられたのでした。このことにも多くの日本人はなんの痛痒も感じてはいないのが現実です。

★　★　★

「サミット」に名をつらねる大国日本です。そして、先進国でもあると多くの日本人は信じています。しかし、《部落差別と天皇制》、《在日朝鮮人と市民権》等を考えると、おせじにも〝先進国〟だなどとは言えないようです。この日本人の精神状態の前近代性を示すものとしてはっきりあらわれているものに、「密入国」者に対する処遇があります。

★★★　日本への密入国者のほとんどが韓国からという現状は、「おなら」紙上でも何度もふれましたが、この現状は、一九一〇年の「併合」以来の悲しい歴史構造が、キーセン観光の現在まで、根本的にはなんら改められていないことを如実にしめしています。しかし、この特殊性には一切ホウカムリをしたまま、「外国一般」に問題をすりかえる、つまり、韓国からの密入国も、スウェーデンからの密入国も全く同じということで、日本側の責任を一切放棄し続けている日本ですが、しかし、ここで仮りに百歩も二百歩もゆずって、悪法といえども法なりとしたとしても、国際人権規約の批准、難民条約の批准（両者とも、日本はなぜか？しぶりにしぶった）など、人権に対する理解が深まりつゝあるこんにち、十年以上も日本で定着して生活し、誰にも迷惑をかけずに生計を維持し、子供たちはみんな日本で生れ日本で育つなど、生活のすべて、イヤ生存のすべての基盤がしっかりと日本に根づいているような一家族全員を、十年前の入国の方法が不法であったことのみによって、根こそぎ国外へ追放するなどということが、先進国であり民主国家である国の正常な行政だとは、とうてい思えません。いわんや、一九一〇年以降いまなお続く日本と朝鮮との関係を考えあわせればなおさらのことです。

★★★　このように長年日本に住み、日本に生存の基盤がありながら、当初の入国のかたちが「不法」であったことのみによって退去強制令が下っている人々（ほとんど全部韓国人）が沢山います。このような人々が安心して定住できてこそ、日本は初めて、アジアの侵略者としての過去に責任をとり、反省して再出発した民主国家なり、といえるのではないでしょうか。

会長早よ、免許かえしてもらえよ
ヨコチンレントゲン技師なれそうかて
香川さんどうしてる？

グッド・バイ　最後の編集後記

▼南州雅代(24)

もうすぐ赤ちゃんが生まれる。「おなら」を出し始めて早や三年が過ぎた。そして、肩のへんにやや疲れながら今度で終わり。肩のへんの疲れとは、今まで「おなら」を出すことに対して力がはいっていたような気がするからだ。

三年の間にいろんな人間に知りあえた。そして、この、お腹の赤ちゃんの父出ん（アボジ・お父さん）にも。そーて「おなら」を出し続けてきた仲間たちにも。それを応援してくれた人たちにも。

そう考えると貴重な時期だったと思う。五年前の春、はるか九州のはてからきた時の想像とは、現実はえらく違いすぎた。まだまだ楽な気持ちで人生なんか過ぎると思っていた。

今は赤ちゃんが生まれるのを楽しみにしている。どんな顔で生まれてくるのだろう。元気で生まれたらいいなあと。

今年はパチンコのフィーバーによく通ったから、お腹できっと子守歌にしていると思ったら、我れながら吹きださずにはいられない毎日である。

▼▼大隈(オオクマ)とヒグマの話(30)(26)

㋔「ワッ、久しぶりの原稿書きや思たら、もう30号で終わりやて。『くさい』『へ』もあったし、やわらかい『へ』もあったでェ。」

㋪「『おなら』ていう変な名前の新聞みたいのは私の方がずっと早かったけど、まさか自分の後姿が写真入りで載るなんて想像もせんかった。」

㋔「そうやな。けどあの時は必死やった。原稿あつまらんし。君の部屋で話を聞いた時の寒さも忘れられんなあ。ところで僕が『おなら』に加わったのは、あの三里塚（空港）の現地に行き、集会の日を一日まちがえたというひょんなことから猪飼野まで来たわけやけど、人の縁というものは、あんたの場合もあるけど不思議なもんやというのが実感やな。」

㋪「ウン、私なんか、おなかの中で子グマが動いとるという『人の縁』の方が衝激的やな。オオクマはこの先どう？」

㋔「僕は根がまじめやからフィーバーで勝つことから共同体まで巾広く関心をもって、かつ実行したいワ。」

㋪「一応、話しとして聞いとくワ。私は先のことなんて考えられへん人間やから、子グマが出来たら、ふたりで『へ』でもしながらゆっくり考えるわ。」

㋔「ちょっと力の抜きすぎとちゃうか。ふたりといわず僕も入れてえな。」

▼清水達也(37)

「おなら」これにて最終号。「おなら」には終わりなし。また逢う日まで…グッドバイ。

お別れに歌など一発。

天地の　遠きはじめよ
世の中は　常無きものと
語りつぎ　ながらへ来れ
天の原　ふりさけ見れば
照る月も　満ち欠けしけり
あしひきの　山の木ぬれも
春されば　花さきにほひ
秋づけば　露霜負いて
風変わり　もみぢちりけり
うつせみも　かくのみならし
くれないの　色もうつろひ
ぬばたまの　黒髪変わり
朝の咲（えみ）　ゆふべ変らひ
吹く風の　見えぬがごとく
逝く水の　止まらぬごとく
常もなく　移ろふ見れば
にはたづみ
流るる涙　止みかねつも

（万葉集　巻之十九）

▼伊藤順(32)

あっという間の三年間だった。うれしかったことより、イヤなこと、悲しくなるほどいやなことの方が多かった。自分の力のなさ、度量の浅さの由縁かもしれない。他者をせめることは一時の感情において、これほど楽なことはない。そのあとの自己への批判。つかれました。実際のところ。「何々問題」とかいうものにはもう手を出したくありません、というのが今の実感。そこでウロチョロしている限り、政治的発想はできても、ほんとうの人間的発想は枯渇する。私がいい例。

今年の夏、沖縄・石垣・竹富島へ行ってきました。あのマリンブルーのショックは、ちょっとやそっとのカルチャー・ショックではないですゾ。西表島ではないけど充電せんとどうしようもない自分がいます。本当に長い間読者のみなさん、地域のみなさん、ありがとう。私の勝手をお許し下さい。

大滝詠一の歌ではないけれど「ロングバケーション」。おなら社の例会、毎週水曜日は『雨のウェンズデイ』。

からっと言うぜ。グッドバイ。

▼地蔵香代子・書くスペース無し！

堀内稔『兵庫と朝鮮人ーこぼれた歴史を拾ってー』（むくげ叢書⑦）

A5、219頁、1650円　※購入希望の方は郵便振替<01120-5-46997むくげの会>に1650円を事前に送金ください。送料はむくげの会負担です。入金確認後に送本します。

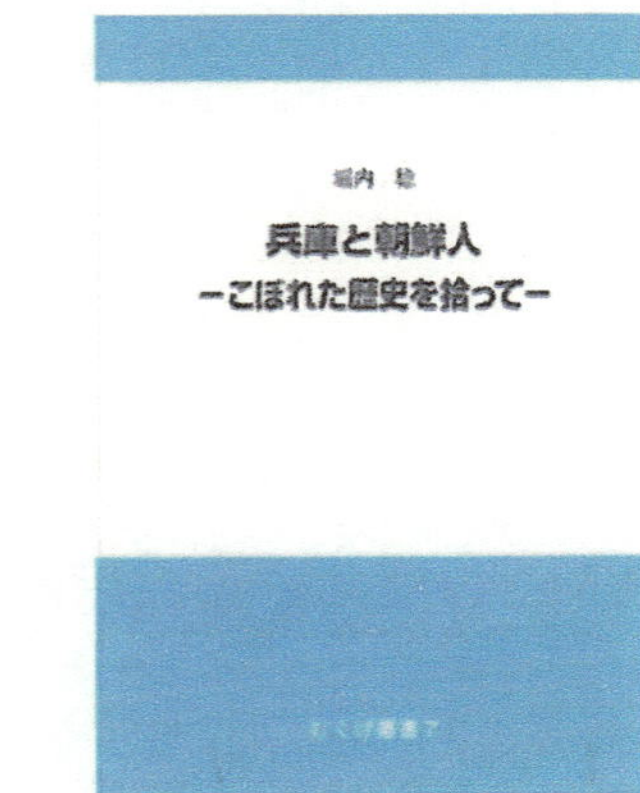

<むくげ叢書既刊書>

① 金英達『GHQ文書研究ガイド 在日朝鮮人教育問題』A5 128頁 1000円　1987. 7

② むくげの会編著『植民地下朝鮮・光州学生運動の研究』A5　162頁　1500円　1990. 11

③ 信長正義『キリスト同信会の朝鮮伝道』<品切れ>A5　279頁　1500円　1996. 4

④ 佐々木道雄『朝鮮の食と文化ー日本・中国との比較から見えてくるものー』<品切れ>A5 235頁 1800円　1996. 4

⑤ 堀内稔『兵庫朝鮮人労働運動史ー八・一五解放前』A5 248頁　1800円　1998. 10

⑥ 寺岡洋『ひょうごの古代朝鮮文化ー猪名川流域から明石川流域』A5 248頁 1000円 2012.5

※在庫のあるものは代金を同様に郵便振替事前送金ください。折り返し送本します。以下の本も同じです。

●「延辺朝鮮族自治州概況執筆班」著・大村益夫訳『中国の朝鮮族』A5　233頁　2800円　1987. 12●むくげの会編著『むくげ愛唱歌集　朝鮮の歌・全一〇七曲』<復刻版>A5変型判　120頁 800円　1985. 6●むくげの会訳『趙世煕小品集 こびとが打ち上げた小さな球、メビウスの帯ほか』A5判 161頁 700円　一刷1980. 3／二刷1981. 6◆むくげの会編『新コリア百科ー歴史・社会・経済・文化（むくげの会30周年記念論文集）』2002年　明石書店　B5版　530頁　4600円■『むくげ通信』（隔月発行）年6冊、定期購読料1800円／年■『むくげ通信』合本 1988 年版から在庫あり。1100円

むくげの会　神戸学生青年センター内　https://ksyc.jp/mukuge/　e-mail：hida@ksyc.jp

むくげ簡易印刷版叢書②
<復刻版>猪飼野地域新聞「おならɭ（解説・飛田雄一）

2024年10月20日発行
発行：むくげの会
〒657-0051 神戸市灘区八幡町4-9-22
神戸学生青年センター内
TEL 078-891-3018 FAX 078-891-3019
URL https://ksyc.jp/mukuge/ e-mail hida@ksyc.jp

ISBN978-4-944125-08-1 C0036 ¥900E